高等院校通识教育
新形态系列教材

互联网+
创新创业应用导论

INNOVATION AND
ENTREPRENEURSHIP

谭玲玲◎主编　　**刘丹 衣东丰 周会斌**◎副主编

人 民 邮 电 出 版 社
北　京

图书在版编目（CIP）数据

"互联网+"创新创业应用导论 / 谭玲玲主编. --
北京：人民邮电出版社，2023.8
高等院校通识教育新形态系列教材
ISBN 978-7-115-61768-2

Ⅰ. ①互… Ⅱ. ①谭… Ⅲ. ①互联网络－应用－创业
－高等学校－教材 Ⅳ. ①F241.4-39

中国国家版本馆CIP数据核字(2023)第083501号

内 容 提 要

本书主要包括"互联网+"战略概述、"互联网+行业""互联网+企业""互联网+政务""互联网+公
众""互联网+"创新应用场景、"互联网+"时代的创新设计以及"互联网+"时代的创业变革等内容。
本书内容兼顾宏观层面、中观层面及微观层面，既介绍国家战略层面的内容，又对行业、企业、个人层
面的机遇、挑战及创新模式进行了分析，对"互联网+"的相关内容进行全面的介绍。

本书提供丰富的配套资源，用书教师可到人邮教育社区（www.ryjiaoyu.com）下载使用。

本书可作为高等院校电子商务、工商管理、市场营销、物流管理、创业管理、计算机科学与技术等
专业相关课程的教材，也可供社会各领域人员学习使用。

◆ 主　　编　谭玲玲
　　副 主 编　刘 丹　衣东丰　周会斌
　　责任编辑　刘向荣
　　责任印制　李 东　胡 南

◆ 人民邮电出版社出版发行　　北京市丰台区成寿寺路 11 号
　　邮编　100164　电子邮件　315@ptpress.com.cn
　　网址　https://www.ptpress.com.cn
　　大厂回族自治县聚鑫印刷有限责任公司印刷

◆ 开本：787×1092　1/16
　　印张：11.75　　　　　　　　　2023 年 8 月第 1 版
　　字数：209 千字　　　　　　　2025 年 3 月河北第 3 次印刷

定价：49.80 元

读者服务热线：(010)81055256　印装质量热线：(010)81055316
反盗版热线：(010)81055315

　　党的二十大报告指出，加快发展数字经济，促进数字经济和实体经济深度融合，打造具有国际竞争力的数字产业集群。"互联网+"的本质就是跨界、融合与创新，"互联网+"正在重构国家创新体系，是创新驱动发展的先导力量，不断激发技术与商业模式创新的活力，为每个行业、每个企业甚至每个人都带来了创新发展的机会。正是基于这样的时代背景，编者编写了本书，从行业、企业、政务、公众等层面探讨"互联网+"的相关内容。

　　"互联网+"涉及每个行业、每个企业，也与每个人的生活和工作息息相关。因此，本书全面解读了"互联网+"的相关内容，内容设计兼顾宏观层面、中观层面及微观层面，既介绍国家战略层面的内容，又对行业、企业、个人层面的机遇、挑战及创新模式进行了分析。

　　本书包括8章内容。

　　第1章"互联网+"战略概述，主要分析"互联网+"战略的实施背景、内涵及意义，分析从"互联网+"到"智能+"战略转移的相关内容。

　　第2章"互联网+行业"，主要探讨互联网与工业、农业、零售业几大传统行业的融合发展，揭示"互联网+"战略为传统行业带来的机遇与挑战。

　　第3章"互联网+企业"，主要探讨"互联网+"背景下的企业战略变革与组织变革，以及"互联网+"与网络营销。

　　第4章"互联网+政务"，主要阐述"互联网+政务"服务创新的内容，分析"互联网+政务"面临的挑战、推进路径与发展趋势。

　　第5章"互联网+公众"，主要分析互联网对消费模式产生的影响，为消费者带来的新的消费体验以及互联网时代的消费维权，分析互联网带给公众的智慧生活。

　　第6章"互联网+"创新应用场景，主要分析互联网在党建、乡村治理、医疗健康、城市管理领域的应用，探讨智慧党建、智慧乡村、AI医疗、智慧城市等平台建设以及具体的实施路径。

第 7 章 "互联网 +" 时代的创新设计，主要分析创新设计思维的内涵、特征以及创新设计思维的落地方法，阐述 "互联网 +" 时代的产品设计与设计魅力产品的方法。

第 8 章 "互联网 +" 时代的创业变革，主要探讨创客与众创空间的内涵，以及 "互联网 +" 时代的创业逻辑。

本书的主要特色如下。

（1）本书从宏观层面、中观层面到微观层面，对 "互联网 +" 的相关内容进行全面的介绍。

（2）本书采取 "理论介绍 + 案例分析" 的方式组织内容，以期能够通俗易懂地展现抽象复杂的相关理论及创新应用实践。

（3）本书突出 "互联网 +" 时代创新设计思维与创业逻辑等内容，为专创融合及创新创业教育提供有力支撑。

本书建议安排 32 学时，每章可分配 4 学时。本书为国家级线上一流课程 " '互联网 +' 创新应用" 配套教材，并且在原有课程内容的基础上进行了小幅调整和内容拓展，读者可以结合在线课程，进行同步学习。

本书由山东工商学院国家级线上一流课程 " '互联网 +' 创新应用" 课程团队编写完成。本书由谭玲玲担任主编，刘丹、衣东丰、周会斌担任副主编。其中，谭玲玲负责全书的统筹策划与内容审核，并负责第 1 章、第 2 章、第 5 章、第 6 章、第 7 章、第 8 章的编写工作；衣东丰、周会斌负责第 3 章的编写工作；刘丹负责第 4 章的编写工作。本书参考了一些相关领域的研究报告和参考文献，在此向相关作者表示真诚的感谢。

由于编者水平有限，书中难免存在表达欠妥之处，编者由衷希望广大读者朋友和专家学者能够提出宝贵的修改建议，修改建议可直接反馈至编者的电子邮箱：2570949765@qq.com。

编者
2023 年春于烟台

目录 ———————————— CONTENTS

目录

目录

第1章
"互联网＋"战略概述

2015 年 3 月，"互联网＋"这一概念首次出现在政府工作报告中，2019 年的政府工作报告中首次出现"智能＋"的概念，明确指出要打造工业互联网平台，拓展"智能＋"，为制造业转型升级赋能，"智能＋"开始接棒"互联网＋"，成为今后改造传统行业的新动力。

本章主要分析"互联网＋"战略的实施背景、"互联网＋"战略的内涵及意义，分析从"互联网＋"到"智能＋"战略转移的原因及实施重点。

本章学习目标

1. 知识目标

（1）了解"互联网＋"战略的实施背景和意义，掌握"互联网＋"战略的内涵。

（2）了解大数据、云计算、物联网等新技术的内涵、特征及应用领域。

2. 能力目标

（1）了解新技术发展现状及趋势，初步树立创新意识。

（2）实时关注国家出台及实施的战略，培养了解与分析经济发展新形势的主动性。

3. 素质目标

（1）具有良好的信息素养和主动学习能力，能够运用正确的方法和技巧掌握新知识、新技能。

（2）具有独立思考的能力，明确"创新是发展的第一驱动力"，培养创新意识和创新能力。

（3）关注国家经济社会发展形势，具有主人翁意识。

—— 引导案例：**阿里巴巴新制造平台——犀牛智造** ——

2017 年 8 月，阿里巴巴启动犀牛智造平台建设，这是一个专门为中小企业服务的智能化制造平台。3 年时间内，阿里巴巴和淘宝上多个中小商家进行试点合作，一步一步跑通了小单起订、快速反应的柔性制造模式，取得了令人意想不到的成效：通过洞察需求和数字化制造，商家真正做到了按需生产。

2020 年 9 月，阿里巴巴犀牛智造平台正式亮相，通过阿里巴巴平台上沉淀的消费信息，为淘宝商家提供时尚趋势预判；同时，阿里巴巴借助数字化能力，对服装制造业供应链进行柔性化改造，将服装行业平均 1 000 件起订、15 天交货的流程，缩短为 100 件起订、7 天交货，为中小企业提供小单量、多批次、高品质的生产选择，让中小企业从繁重的生产中解脱出来，让创业者专注自身优势和业务创新。

现在，淘宝上很多衣服已经是通过新制造平台生产出来的。阿里巴巴新制造平台的初衷是希望帮助中小企业解决生产供应链中的一系列痛点，比如销售预测难、快速反应难、消化库存难等，犀牛智造平台运用阿里巴巴的云计算、物联网、人工智能等技术，为工厂赋予"智慧大脑"，构建云、智、造融合的新制造体系，从而让服装制造业实现智能化、个性化、定制化的升级。

思考题：

1. 阿里巴巴犀牛智造平台的主要功能是什么？
2. 犀牛智造平台主要依赖哪些新技术？
3. 犀牛智造对服装制造业的升级带来哪些影响？

1.1 "互联网 +"战略的实施背景

"互联网 +"战略的实施背景：一是大数据、云计算、物联网等新技术的迅猛发展，二是中国经济新常态发展的需求。

1.1.1 新技术的迅猛发展

"互联网 +"是指以互联网为主的一整套信息技术（包括移动互联网、云计算、大数据、物联网等配套技术）在经济、社会生活各部门的扩散、应用过程。

可以说，大数据、云计算、物联网等技术的高速发展是"互联网+"战略实施的前提和基础。

1. 大数据

大数据并不是新生事物，美国知名未来学家阿尔文·托夫勒1980年在他的《第三次浪潮》一书中就提出了"大数据"的概念，他将大数据称为"第三次浪潮的华彩乐章"。

 知识拓展

第三次浪潮

三次浪潮是美国未来学家阿尔文·托夫勒在1980年出版的《第三次浪潮》一书中提出的关于人类文明进化阶段的一种划分论点。他把人类科学技术的每次巨大飞跃作为一次浪潮，认为每次新的浪潮都冲击着前一次浪潮的文明，并建立起相应的经济类型，从而决定社会面貌。

第一次浪潮是农业革命，即从原始采集渔猎过渡到农业和畜牧业，与此相适应的社会结构的特征是简单的家庭内部劳动分工和自给自足的分散经济。

第二次浪潮是工业革命，与此相适应的社会结构的主要特征是小家庭、工厂式的学校以及大公司，工厂组织的原则应用于一切机构，生产与消费分裂，中央集权化等。

托夫勒进一步指出：人类社会正在经历着一场最深刻的大变革，它在几十年的时间就可以波及全球，这就是第三次浪潮。

第三次浪潮的主要特点是微电子工程、生物工程、宇航工程、海洋工程将成为新型工业的骨干，与此相适应的社会结构的主要特征将是多样性和多元化的领导制度、生产经营中的矩阵组织、人与自然和睦相处等。

这种观点忽视了生产关系，把技术作为决定社会发展的直接、唯一的因素，但对技术变革将引起社会变革的一些分析有可取之处。

其实，百度的搜索服务就是典型的大数据应用——根据用户的需求，实时从全球海量的数据信息中找出最可能的答案呈现给用户。只不过过去这样规模的数据处理和有商业价值的应用太少，在信息技术（IT）行业没有形成统一的概念。随着全球网络化、数字化的快速发展，累积的数据量越来越多，越来越多的企业、行业发现，可以利用类似谷歌的技术更好地服务客户、发现新商业机会、扩大新市场、提高效率，这时候"大数据"才与"云计算""物联网"一道成为 IT 行业的流行词汇。

下面重点介绍大数据的定义和大数据的典型特征。

（1）大数据的定义

大数据（Big Data），或称巨量资料，是指信息规模巨大到无法通过目前主流软件工具在合理时间内进行处理以实现其价值的信息。

（2）大数据的典型特征

① 规模性（Volume）——数据体量大。

数据存储单位从过去的 GB（十亿字节）到 TB（万亿字节），再到 EB（百亿亿字节）。随着信息技术的高速发展，数据开始呈爆发式增长。社交网络（如微博）、移动网络、各种智能终端都成为数据的来源。如淘宝网 5 亿多个会员每天产生的商品交易数据约 20TB，因此迫切需要智能算法、强大的数据处理平台和新的数据处理技术来统计、分析、预测和实时处理如此大规模的数据。

② 多样性（Variety）——数据类型多。

大数据大体可分为三类：一是结构化数据，比如财务系统数据、信息管理系统数据、医疗系统数据等，特点是数据间因果关系很强；二是非结构化数据，比如视频、图片、音频等，特点是数据间没有因果关系；三是半结构化数据，比如超文本标记语言（HTML）文档、邮件、网页等，特点是数据间的因果关系较弱。

据互联网数据中心（Internet Data Center）的调查报告：企业中 80% 的数据都是非结构化数据，这些数据每年都按指数增长。

③ 高速性（Velocity）——处理速度快。

大数据对处理数据的响应速度有更加严格的要求：对数据实时分析，数据输入、处理与丢弃立刻见效，几乎没有延迟。这就是所谓的"1 秒定律"或者叫"秒级定律"。

大数据技术的战略意义不在于掌握庞大的数据信息，而在于对含有意义的数据进行专业化处理。换言之，如果把大数据比作一种产业，那么这种产业实现盈利的关键，在于提升对数据的"加工能力"，通过加工实现数据的增值。

④ 价值性（Value）——价值密度低。

现实世界所产生的数据中，有价值的数据所占比例很小。相比于传统的数据，大数据最大的价值在于从大量不相关的各类数据中，挖掘出对未来趋势预测分析有价值的数据，并通过机器学习方法、人工智能方法或数据挖掘方法深度分析，发现新规律和新知识，将其运用于不同的领域，最终达到改善社会治理、提高生产效率、推进科学研究等目的。因此，我们要合理运用大数据，以低成本创造高价值。

案例

普拉达（Prada）的大数据应用

普拉达是意大利知名的奢侈品品牌，在经营中曾遇到这样一个问题：一款时装卖得不好，是设计的问题、制作的问题，还是在专卖店销售的问题？这些无从得知，就无法给出针对性的问题解决方案。

大数据时代，普拉达开始利用新的信息技术来提升销售，具体如下。

（1）在商品的标签里放置一个很小的 RFID 芯片，里面存储的信息可以被专门的阅读器发出的无线电波探测出来。销售人员挥动一下衣服，阅读器就可以给出详细信息，且可以把顾客正感兴趣的这件商品跟他们可能感兴趣的其他商品联系起来。顾客和销售人员交互得越多，购买的可能性就越大，有这个芯片之前，销售人员的推荐完全靠个人想法。

（2）改造专卖店的试衣间，这样，每次顾客把时装拿到试衣间试穿，店里都能记录下来。数据分析师根据这些数据就能知道，一件时装卖得不好是因为放在店里没人注意到，还是因为试穿后顾客不喜欢。根据这些信息，就能锁定问题是出在设计和制作上，还是出在店里的销售上。

所有数据会上传到公司总部，每一件衣服在哪个城市哪个旗舰店，什么时间被拿进试衣间，停留多长时间，相关数据都被存储起来并加以分析。如果有一件衣服销量很低，以往的做法是直接下架。但如果系统获取到的数据显示这件衣服虽然销量很低，但被顾客拿进试衣间试穿的次数很多，那就能另外说明一些问题，也许对这件衣服的处理就会截然不同，或许在某个细节上进行微小的改变就会重新创造出一件非常流行的产品。

在大数据时代，数据成为继土地、劳动、资本之后的新生产要素，构成企业未来发展的核心竞争力。阿里巴巴、腾讯等互联网巨头正在运用大数据力量，期望获得商业上更大的成功。

中国是拥有海量数据的国家，有超过 10 亿的互联网人口，有繁荣的互联网经济，有数量庞大的政府和企业 IT 系统，有即将迎来爆发式增长的物联网和工业互联网。用好大数据资源，对中国互联网经济的发展意义重大。

2. 云计算

下面重点介绍云计算的定义、特点以及大数据与云计算的关系。

（1）云计算的定义

这里的"云"是网络、互联网的一种比喻。云计算是一种计算资源使用方式，用户通过网络进入计算资源共享池，共享池可提供服务器、信息存储等服务，用户按需享受这些便捷的服务，并按照使用量进行付费。

云计算好比电厂集中供电的模式。它意味着计算能力也可以作为一种商品进行流通，就像煤气、自来水、电一样，取用方便，费用低廉。与煤气、自来水、电等最大的不同在于，它是通过互联网进行传输的。

云计算服务由专业的服务商提供，国内云计算领域的巨头是阿里巴巴、华为等。

案例

12306 与阿里云的合作

高峰时期的 12306 号称世界上最繁忙的网站，日均页面浏览量可达到 557 亿次，最高峰时段页面浏览量可达到 813 亿次。每当春运高峰时期，12306 网站就会出现崩溃的情况。

后来，12306 网站通过与阿里云合作解决了这一大难题。在 12306 网站上，余票查询页面的访问量几乎占九成流量，这也是往年网站拥堵的主要原因之一。因此，12306 把高频次、高消耗、低转化的余票查询环节从后台分离出来，在阿里云上独立部署了一套余票查询系统，将下单、支付这种"小而轻"的核心业务留在自己的后台系统。

12306 把余票查询与其他业务在逻辑上进行独立，使用云计算来处理，不需要对整个网站的业务架构做颠覆性改造，春运高峰期过后，还可以把余票查询系统收回，这种运作思路为其减负不少。

（2）云计算的特点

① 超大规模。

云计算具有相当大的规模，比如微软的云计算系统有 200 多万台服务器，企业私有云一般拥有数百上千台服务器。因此，云计算能赋予用户前所未有的计算能力。

② 虚拟化。

云计算支持用户在任意位置使用各种终端获取应用服务。用户所请求的资源来自"云"，而不是固定的有形实体。用户不需要了解，也不用担心应用运行的具体位置，只需要一台笔记本电脑或者一部手机，就可以通过网络服务来完成任务，甚至包括超级计算这样的任务。

③ 按需服务。

云计算拥有庞大的资源共享池，用户可以按需购买资源，可以按消费量进行计费。

④ 极其廉价。

云计算是一种资源高度共享的机制，"云"的集中式管理使大量企业不需要负担日益高昂的数据中心管理成本，"云"的通用性使资源的利用率大幅提升，因此用户可以充分享受云计算的低成本优势。

⑤ 高可靠性。

云计算系统使用数据多副本容错、计算节点同构可互换等措施来保障服务的高可靠性，用户使用云计算比使用本地计算机更加可靠。

⑥ 潜在的危险性。

云计算中的数据对于数据所有者以外的云计算用户是保密的，但是对于提供云计算的商业机构而言是开放的。因此，政府机构、商业机构（特别是像银行这样持有敏感数据的商业机构）在选择云计算服务时，应保持足够的警惕。

（3）大数据与云计算的关系

从技术上看，大数据与云计算是密不可分的，大数据的特色在于对海量数据的挖掘，必然需要更强的计算处理能力，必须运用云计算技术，依托云计算的分布式处理、分布式数据库、云存储和虚拟化技术等。随着云计算技术的发展，大数据也受到了越来越多的关注。

3．物联网

下面重点介绍物联网的定义和物联网的技术体系。

（1）物联网的定义

物联网（Internet of Things，IoT）即"万物相连的互联网"，是在互联网基础上延伸和扩展的网络，是将各种信息传感设备与网络结合起来而形成的一个巨大网络，可以实现任何时间、任何地点，人、机、物的互联互通。

可以预想一些"物联网"时代的场景：

当司机出现操作失误时，汽车会自动报警；

公文包会提醒主人忘带了什么东西；

衣服会"告诉"洗衣机对颜色和水温的要求；

当货车装载超重时，货车会自动提醒超载了，并且会提醒超载多少，如果空间还有剩余，货车会告诉你轻重货物如何搭配；

当司机在和别人闲聊时，货车会提醒"该发车了"。

上述场景反映出一个共同的特征：所有物体都实现了智能化。要实现智能化，需要一些关键性的技术，最基础的技术就是传感技术和射频识别技术。

实现传感技术的主要设备是传感器。传感器是一种检测装置，能感受到被测量物体的信息，并将感受到的信息按一定规律转换为电信号或其他形式的信息输出，以满足信息的传输、处理、存储、显示、记录和控制等要求。因此，传感器是实现自动检测和自动控制的重要设备。例如，在现代工业生产尤其是自动化生产过程中，要用各种传感器来监视和控制生产过程中的各个参数，使设备工作处于正常状态或最佳状态，并使产品质量最好。可以说，没有众多优良的传感器，现代化生产也就失去了基础。

射频识别（Radio Frequency Identification，RFID）技术是一种无线通信技术，可通过射频信号自动识别目标对象并获取相关数据，是物联网中常用的短距离无线通信技术之一。RFID电子标签有着一整套调制器、编码器、存储器、控制器和天线。RFID电子标签具有普通条形码不具备的防水、防磁、耐高温、使用寿命长、读取距离远、标签数据可加密、存储容量大等优点。RFID电子标签可以通过搭载的天线与读写器协同实现信息的读写和存储。

射频识别技术在物联网中的应用场景很多。比如电子不停车收费系统（ETC）。高速公路收费站都设有ETC，其通过读取车上的ETC卡，即可完成信息认证和计费。再比如物流管理系统。通过货物上的RFID电子标签，对仓库货物配送、入库、出库、库存盘点等各个作业环节进行自动化的数据采集，可以保证物流与供应链管理各个环节数据采集的效率和准确性，确保企业及时准确地掌握库存信息和货物在途信息，合理控制库存。

小故事

医疗废物追溯管理

万达信息提出医疗废物处理的监督管理解决方案，结合医疗废物处理流程设计了"医疗废物处置监督追溯系统"，见图1-1。在医院完成医疗废物回收箱称重后，该系统将信息写入回收箱RFID电子标签，并上传至云端，与生态环境局和焚烧中心同步数据。医疗废物回收箱送达焚烧中心后，再次称重确认。

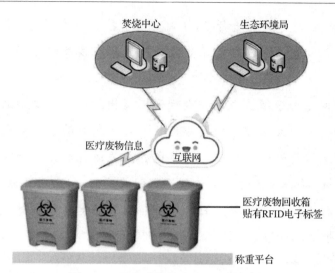

图 1-1　医疗废物处置监督追溯系统

医疗废物处置监督追溯系统将物联网、RFID 技术和医疗行业场景深度结合，对医疗废物的处理全过程进行管理，实现了医疗废物监管的规范化、系统化、智能化和清晰化，大幅提高了监管的效率，能有效预防医疗废物流失、泄漏等意外事故的发生。该系统在上海市多家医疗卫生机构推广，取得了良好的经济效益和社会效益。

（2）物联网的技术体系

物联网的技术体系分为三个层次。

① 底层是感知层：利用信息传感装置自动采集与物品相关的信息，并传送到上位端，完成传输到互联网前的准备工作。在这里，传感器、射频识别技术、二维码等发挥重要作用。

② 中间是网络层：利用各种电信网络与互联网的融合，将物体的信息实时准确地传递出去。

③ 顶层是应用层：对从感知层得到的信息进行处理，实现智能化识别、定位、跟踪、监控和管理等。

小故事

电梯物联网

在电梯轿厢原来的监控设备上安装物联网传感器，传感器会对电梯的监控视频、音频、运行状态等数据进行 24 小时实时监控。采集到的数据，会通过电信网络传输到应急处置中心，中心平台能据此进行在线故障分析诊断，及时告知救援人员。

电梯物联网是为了解决电梯安全问题而提出的概念，是由数据采集部分、数据传输部分、中心处理部分以及应用软件共同构成的完整的电梯物联网监控系统。该系统通过特制的传感器，采集电梯相关运行数据，利用微处理器进行非常态数据分析，并将分析结果上传到互联网监控中心，由服务器进行综合处理，实现电梯故障报警、困人救援、日常管理、质量评估、隐患防范、多媒体传输等功能的综合性电梯管理。

物联网把新一代信息技术充分运用于各行各业，把感应器嵌入和装备到电网、铁路、桥梁、隧道、公路、建筑、供水系统、大坝、油气管道等各种设施当中，然后将物联网与互联网连接起来，实现人类社会与物理系统的整合。

在这个整合的网络当中，存在能力超级强大的中心计算机群，能够对整合网络内的人员、机器、设备和基础设施进行实时的管理和控制。在此基础上，人类可以以更加精细和动态的方式管理生产和生活，达到"智慧"状态，提高资源利用效率和生产力水平，改善人与自然之间的关系，IBM 公司称之为"智慧的地球"。

 想一想

互联网的技术创新与应用创新

与传统行业相比，互联网行业从来不缺少创新精神。国内互联网企业的创新大体可分为两种，一种是技术创新，另一种是应用创新，而绝大部分企业属于应用创新型。很多企业借鉴国外的应用，再根据我国的环境进行一些应用方面的创新，创造出一种新的模式，易趣、人人网等都是如此。与技术创新相比，应用创新的成本低，但风险更大。技术创新与用户体验的结合，可以创造更大的价值，但对用户体验的把握难度更大。随着我国互联网的发展，完全借鉴国外成功的模式，越来越难以成功，国内企业需要更多着眼于实际市场需求，独立创造出能打动用户的应用和服务。

尽管国内互联网目前以应用创新为主，但是从雅虎等企业的发展来看，技术创新仍是未来的方向。而选择了应用创新的企业，就必须在专业、效率和执行力，以及产品底层结构、用户服务方面进行不断优化和创新，否则，将可能面对更为激烈的市场竞争。因为缺乏技术优势，应用创新型企业要想保持竞争力，自然也要接受更多方面的挑战。

另外，技术创新是国家的战略引导方向，但是企业成功并不由技术创新决定，而是技术、市场、业务应用等多方面系统创新的结果，要看企业对优势的把握和对自身所处发展阶段的把握，一味地走技术创新路线或者市场与应用创新路线都是行不通的。

总之，选择一条和别的企业不一样的路，只有这样才不会只是追随者，但无论是技术创新还是应用创新，企业都应该根据自身的综合情况选择，不能脱离实际。对管理者和企业来说，一旦选择，切忌摇摆不定，最重要的是，认准了方向，就要专注，就要坚持。

作为生活在互联网时代的年轻一代，要适应时代的发展，你需要学习和培养哪些意识、精神和技能？

1.1.2 经济新常态发展需求

1. 中国经济进入新常态

经济新常态成了中国经济方面的一大热点词，了解经济新常态是分析和研究我国经济发展的必要前提。

（1）中国经济新常态的内涵

中国经济新常态就是经济结构的对称态，在经济结构对称态基础上的经济可持续发展，包括经济可持续稳定增长。

经济新常态是调结构、稳增长的经济，而不是总量经济；着眼于经济结构的对称态及在对称态基础上的可持续发展，而不仅仅是GDP、人均GDP增长与经济规模最大化。经济新常态就是用增长促发展，用发展促增长。

经济新常态不是不需要GDP，而是要调整GDP增长方式；不是不需要GDP增长，而是要把GDP增长放在发展模式中定位，使GDP增长成为再生型增长方式、生产力发展模式的组成部分。

（2）中国经济新常态的特征

① 从消费需求看，过去我国模仿型排浪式消费阶段于 2014 年基本结束，个性化、多样化消费渐成主流，保证产品质量安全、通过创新供给激活需求的重要性显著上升，必须采取正确的消费政策，释放消费潜力，使消费继续在推动经济发展中发挥基础作用。

② 从投资需求看，我国经历了 30 多年高强度、大规模开发建设后，传统产业相对饱和，但基础设施互联互通和一些新技术、新产品、新业态、新商业模式的投资机会大量涌现，对创新投融资方式提出了新要求，必须善于把握投资方向，消除投资障碍，使投资继续对经济发展发挥关键作用。

③ 从出口和国际收支看，国际金融危机发生前国际市场空间扩张很快，出口成为拉动我国经济快速发展的重要动能，全球总需求不振，我国低成本比较优势也发生了转化，同时我国出口竞争优势依然存在，高水平引进来、大规模走出去正在同步发生，必须加紧培育新的比较优势，使出口继续对经济发展发挥支撑作用。

④ 从生产能力和产业组织方式看，传统产业供给不足的矛盾已经解决，产业结构必须优化升级，企业兼并重组、生产相对集中不可避免，新兴产业、服务业、小微企业作用更加凸显，生产小型化、智能化、专业化将成为产业组织新特征。

⑤ 从生产要素相对优势看，随着人口老龄化不断加剧，农业富余劳动力减少，要素的规模驱动力减弱，经济增长将更多依靠人力资本质量和技术进步，必须让创新成为驱动发展新引擎。

⑥ 从市场竞争特点看，过去的数量扩张和价格竞争正逐步转向质量型、差异化为主的竞争，统一全国市场、提高资源配置效率是经济发展的内生性要求，必须深化改革开放，加快形成统一透明、有序规范的市场环境。

⑦ 从资源环境约束看，环境承载能力已经达到或接近上限，必须顺应人民群众对良好生态环境的期待，推动形成绿色低碳循环发展新方式。

⑧ 从经济风险积累和化解看，伴随经济增速下调，各类隐性风险逐步显性化，风险总体可控，但化解以高杠杆和泡沫化为主要特征的各类风险将持续一段时间，必须标本兼治、对症下药，建立健全化解各类风险的体制机制。

⑨ 从资源配置模式和宏观调控方式看，全面刺激政策的边际效果明显递减，既要全面化解产能过剩，也要通过发挥市场机制作用探索未来产业发展方向，必须全面把握总供求关系新变化，科学进行宏观调控。

这些趋势性变化说明，我国经济正在向形态更高级、分工更复杂、结构更合理的阶段演化，经济发展进入新常态，经济发展速度正从高速增长转向中高速增长，经济发展方式正从规模速度型粗放增长转向质量效率型集约增长，经济结构正从增量扩能为主转向调整存量、做优增量并存，经济发展动力正从传统增长点转向新的增长点。认识新常态，适应新常态，引领新常态，是当前和今后一个时期我国经济发展的大逻辑。

2. "互联网 +"成为中国经济新常态的新动力

（1）互联网的基础设施作用不断增强

自工业革命以来，互联网可以称得上是对世界影响最大、最深远的技术革命了，新技术、新产品和新业务在互联网的催生之下得以发展，同时互联网也推动了新的经济增长。人们对互联网最初的认知和应用只停留在工具和渠道上，随着互联网自身的不断发展和对经济社会的不断影响、改造，甚至是变革，互联网的地位逐渐凸显，其作为基础设施的作用不断增强。

近些年以来，面向互联网的信息技术不断地引发新一轮的技术进步，互联网作为新时代的通用技术，通过信息经济的形态在世界范围内爆发出强大的经济能量，它对经济增长的影响越来越显著，以往的任何技术变革都比不上其对经济增长的贡献。

2013 年，我国的互联网经济就已经占据了 GDP（国内生产总值）的 7.0%。互联网经济就好比一块新的大陆，它正在不断地吸纳着旧大陆的每个要素，并且不断地对其进行改造和变革，同时，它也正在不断地塑造持续变化的经济版图和商业生态。

（2）互联网打造经济发展新模式

互联网经济把技术作为手段，并且整合了资源、市场、要素以及技术，仿佛一个巨型的经济体。互联网经济体不仅拥有不可估量的网络效应，而且拥有超乎想象的协同效应，这一点与主要依靠不断追加要素投入来实现增长的模式是不同的。

因此，我们必须抓住机遇，主动谋划，加快发展以互联网、物联网为主要载体的信息经济，打造中国经济社会发展的"升级版"。面对移动互联网、云计算、大数据等新一代信息技术蓬勃发展的新时代，面对以互联网为代表的信息技术加速各行各业渗透、融合、发展的新形势，面对中国经济社会发展进入新常态的新机遇和新挑战，我们必须适应新常态、谋求新发展，必须坚持发展理念、发展模式、发展路径创新，以信息化和工业化深度融合为抓手，打造提质、增效、升级版的中国经济发展新模式。

想一想

你对中国经济新常态的理解有多少

中国经济新常态的内涵在于主动调整，推动经济结构转型升级。我国"新常态"独具特色，可总结为"中高速、优结构、新动力、多挑战"四大特征。

新常态之"新"，意味着不同以往；新常态之"常"，意味着相对稳定，主要表现为经济增长速度适宜、结构优化、社会和谐。转入新常态，意味着我国经济发展的条件和环境已经或即将发生诸多重大转变，经济增长将与过去 10% 左右的高速度基本告别，与传统的不平衡、不协调、不可持续的粗放增长模式基本告别。

因此，新常态绝不只是增速降了几个百分点，转向"新常态"也不会只是一两年的调整。认识不到新常态下的新趋势、新特征、新动力，就难以适应新常态，更难以掌握经济工作的主动权。

作为新时代的大学生，是否具有社会责任感和使命感？是否以主人翁的态度积极关注国家社会发展？是否将个人理想与社会理想紧密结合？

1.2 "互联网+"战略的内涵及意义

1.2.1 "互联网+"战略的内涵

1. 如何理解"互联网+"战略中的"+"

我们可以从三个层次进行理解。

（1）第一个层次：万联网

互联网+移动互联网+物联网+产业互联网+……，建立信息高速公路，连接是目标，互联互通是根本，不论什么网络，都不能变成信息孤岛。

万联网可以理解为互联网的升级版，是将人、数据、流程和事物完全相连的互联网，是以万物有传感器、有数据、有智慧、皆在线为基础，人、数据和设备之间自由沟通，产品、流程、服务各环节紧密相连的全球化网络。

万联网正在全球范围内变革着企业的商业模式，颠覆了通信、就业、教育、医疗等领域。当我们将人、社区、城市甚至国家相连时,一切事情都有可能发生。比如,据统计城市能耗占世界能耗总量的 70%。通过安装有内置传感器的街灯,并将其与网络相连,城市即可使用暗光来节约能源,只有当传感器检测到动态物体时才将灯光调至最亮,这样就可以减少 70% ～ 80% 的能耗。

（2）第二个层次:"互联网 + 人"

网络经济三大法则之一的梅特卡夫法则:网络的价值与网络规模的平方成正比,即网络价值以用户数量的平方的速度增长。

因此,互联网经济又被称为眼球经济、注意力经济。这就不难理解,为什么很多互联网企业在创业初期,都采取各种手段吸引消费者的注意力,为什么"流量为王"会成为互联网的第一定律。

微信为什么会给电信运营商带来颠覆式的冲击,而在 PC 端互联网时代没有那么大的力量?因为 PC 端互联网其实没有把人连起来,只是把计算机连起来了。而移动互联网就不一样了。手机是什么?手机是"新器官",已经"长"在我们手上了。现在一些人无论是聚餐、开会、躺在床上,甚至是走路,都拿着手机在看。由于手机的移动性,它把每个人连起来以后,人们上网时间更长了,手机里还有传感器、摄像机、录音机等,随时随地产生更多的信息。因此,微信如此强大,得益于移动互联网真正把人连在了一起。网易的 CEO 丁某在 2000 年互联网泡沫破碎的时候为了给自己打气,也给大家打气,在中关村竖起一个广告牌,那个广告道出了互联网的本质——"网聚人的力量"。

移动终端是人的智能化器官,可以让用户的触觉、听觉、视觉等持续在线、无处不达,"互联网 + 人"是"互联网 +"的起点和归宿,是"互联网 +"战略的决定因素,也是"互联网 +"向更多要素、更多方向、更深层次延展的驱动力。

（3）第三个层次:"互联网 + 行业"

互联网连接一切,使人和人、人和物、物和物、任何信息之间产生关系,同时产生新的价值,"互联网 +"提供了互联网和任何行业融合的可能性。

"互联网 + 零售业"造就了国内几大电商巨头,每年的"双十一"购物节,全民消费热情高涨。2016 年的"双十一"淘宝天猫销售额为 1 027 亿元,2021 年的"双十一"淘宝天猫销售额达到了 5 403 亿元。

那么,"互联网 + 旅游"带来了什么呢?像旅游类交易平台携程网,可以为用户提供酒店预订、机票预订、旅游度假一站式解决方案;像自由行服务平台马蜂窝旅游网,为用户提供景点、餐饮、酒店等点评信息,这些信息均来自用户的真实分享,其每年帮助众多旅行者制订自由行方案；像专业的航班出行服务 App——飞常准，为用户提供"省时、省心"的一站式多元化航班出行解决方案。

"互联网＋房地产""互联网＋汽车""互联网＋'三农'""互联网＋物流""互联网＋健康医疗"等也都进入快速发展期，互联网正一步步渗透传统行业，改变甚至颠覆着传统行业的生产经营模式。

总之，"互联网＋"的本质用最简洁的方式来表达，可以概括为八个字：跨界融合，连接一切。

2．"互联网＋"的六大特征

（1）跨界融合。"＋"就是跨界，就是变革，就是开放，就是重塑融合。敢于跨界，创新的基础才坚实；融合协同，群体智能才会实现，从研发到产业化的路径才会更垂直。

（2）创新驱动。中国粗放的资源驱动型增长方式早就难以为继，必须转变到创新驱动发展这条正确的道路上来。用互联网思维来求变、自我革命，更能发挥创新的力量。

（3）重塑结构。信息革命、全球化、互联网已打破了原有的社会结构、经济结构、地缘结构、文化结构。议事规则、话语权不断发生变化，"互联网＋社会治理"的虚拟社会治理与之前有很大的不同。

（4）尊重人。人是推动科技进步、经济增长、社会进步、文化繁荣的根本力量，互联网的强大力量也来源于对人的最大限度的尊重、对人的敬畏、对人的创造性的重视。UGC（用户生成内容）、分享经济等都体现了互联网对人的重视。

（5）开放生态。"互联网＋"的生态的本身就是开放的。我们推进"互联网＋"，其中一个重要的方向就是要把过去制约创新的环节化解掉，把孤岛式创新连接起来，让研发由市场驱动，让创业者有机会更充分地实现价值。

（6）连接一切。连接是有层次的，连接一切是"互联网＋"的本质及目标。

3．"互联网＋"行动计划的内涵

《关于积极推进"互联网＋"行动的指导意见》中对"互联网＋"战略的解读是："互联网＋"是把互联网的创新成果与经济社会各领域深度融合，推动技术进步、效率提高和组织变革，提升实体经济创新力和生产力，形成更广泛的以互联网为基础设施和创新要素的经济社会发展新形态。

"互联网＋"行动计划包含的主要内容如下。

（1）做优存量，推动传统产业提质增效、转型升级

我国要根据实际情况，组织开发智能网络化新产品，围绕传统产品智能化和新的智能产品形态这两条主线，加快互联网与传统制造业的深度融合，推动智能制造发展。我国要鼓励开展基于互联网的个性化定制，加快发展智能网络化装备，推进制造企业物联网建设和服务型制造业转型，加快重点行业的绿色制造变革。此外，我国还要发展"互联网 + 农业"，促进农业现代化转型，构建现代农业信息，加速服务业发展。

（2）打造产业新的增长点

"互联网"行动技术的优势作用明显，通过新技术的普及利用，国家要逐步做好现代化网络营销，制定精准经营模式，推动电子商务服务方式发展，构建一体化的产业经营体系，并逐步探索新的电商领域。与此同时，国家要进一步转变物流模式，强化设计，发挥港口、铁路、机场的优势，搭建多层次物联网络，加快培育更具活力的"互联网 +"现代化服务方式。

（3）推动优质资源开放，完善服务监管理念

我国要实施"互联网 +"行动计划，构建互联互通的电子政务公共服务平台，提升电子政务服务效能，完善以管理社会和服务群众为中心的电子政务服务体系。在此基础上，我国要坚持构筑开放共享的"数据中国"，切实推进政府与公共信息资源开放共享，建立政府与公共信息资源大数据库，推进信息惠民和智慧城市建设发展，优化基于居民电子健康档案的数据库，加强优质教育资源的共享利用。

1.2.2 "互联网 +"战略的意义

"互联网 +"战略是中国经济新常态下抢占竞争制高点，引领企业创新、驱动产业转型，推动众创时代到来的重要引擎。

1. "互联网 +"拓展国家竞争新内涵

在全球新一轮科技革命和产业变革中，互联网特别是移动互联网成为各行各业发展的新干线。以互联网为平台，信息技术与工业、新材料、新能源等领域的技术交叉融合，一方面催生新兴产业，另一方面助推传统产业转型升级，使国家间的竞争不再局限于传统产业，而是有了新的内涵。

2. "互联网 +"打造创新驱动新引擎

（1）"互联网 +"促进思维模式创新。互联网思维的突出特点是自由、平等、开放、免费、创新、共赢。随着互联网思维的不断扩散渗透，消费者逐渐形成便捷化、个性化、免费化的消费需求，这就促使企业经营者必须转变传统思维模式，对产品的生产、

流通以及销售流程进行重新架构，以适应消费者新的消费习惯，从容应对互联网经济浪潮的冲击。

（2）"互联网+"促进生产方式创新。大数据、云计算的广泛应用，使区域内企业横向互联、上下游企业纵向互联、生产者与消费者直接互联常态化，供给端与需求端数据搜集、统计、整理和分析实时化。企业可以根据客户反馈信息改进设计，实现生产的柔性化、个性化与智能化，根据客户意见进行订单式生产，从而摆脱产能过剩困局，高效利用原材料和资金。

在生产技术上，伴随着电子信息、互联网、新材料、新能源、工业机器人、3D打印等技术的加速发展，不同生产环节分工会进一步细化和专业化，促使生产者不断改进生产技术以淘汰落后产能。

（3）"互联网+"促进驱动模式创新。随着互联网平台的加速发展，大数据、物联网、云计算等新技术不断融入传统产业，出现了互联网电商、互联网物流、互联网教育和互联网医疗等新业态，并倒逼服务业、传统制造业甚至农业投入创新升级的浪潮中。比如，大量农民加入农产品电子商务产业链，或者直接在网上开店，或者成为电商供应商，从而形成农产品新型流通模式，这是传统行业互联网化的典型案例。正是"互联网+"的网络化、平台化、信息化、智能化和扁平化，促使传统产业从要素驱动、投资驱动向创新驱动转变，促进经济结构调整，增强经济持续健康发展活力。

3. "互联网+"推动众创时代到来

"互联网+"思维和模式，可以有效改善就业环境，让更多人成为创业者，从而带动就业。在"大众创业、万众创新"的政策导向下，一批受过良好专业教育的创业者不满足于安逸的工作，以互联网思维推进个性化创新，孵化出一批高估值的新创互联网企业。

以创客为代表的创业者们促进了中关村创业大街、创新工场等创新服务平台的兴起，这些创新服务平台集聚了资金、人才、科研、网络、数据等知识要素和创新要素，营造出良好的创业生态，又反过来推动相关体制机制创新，促进人们多方式、多渠道就业，助力实体经济发展。"互联网+"真正把创业的广度扩展到了所有行业，随着互联网和各行各业进一步深度融合发展，最终所有的行业都可以统称为"互联网+"行业。

总之，"互联网+"重构国家创新体系，是创新驱动发展的先导力量。互联网作为融合创新大平台,不断激发技术与商业模式创新的活力。"互联网 +"是我国实现"弯道超车"的核心路径。

1.3 从"互联网 +"到"智能 +"

与"互联网 +"一样,"智能 +"战略的目的是将技术与产业,特别是制造业融合,利用新技术改造传统产业,从而实现降本增效。这在外部世界经济增速放缓、不稳定与不确定因素增加,内部经济转型阵痛凸显、经济下行压力加大的背景下,意义尤为重大。

1.3.1 "智能 +"接棒"互联网 +"背后的推动力

1. 智能技术是第一推动力

从"互联网 +"到"智能 +",政府工作报告中的表述背后是中国人的数字生活已经迎来了新时代。

在"互联网 +"时代,技术应用主要面向消费端,也正是在这个时代,人们第一次感受到数字技术和商业模式是如何影响实体经济、改变每个人的衣食住行的。因此,政府积极倡导的"互联网 +"发展理念带动了传统产业的转型和升级,重塑并优化了中国的经济结构。

在"智能 +"时代,更多的应用面向产业端,随着 5G、物联网、人工智能、云计算、边缘计算等智能技术的不断发展,信息技术的应用已经不再局限于实现人与人、人与物、物与物之间的互联,当万物皆可互联的时候,生活和生产效率都将迎来质的飞跃,也就是利用更智能的机器、更智能的网络、更智能的交互来创造出更智能的生产方式、经济发展模式和社会生态系统。

因此,从"互联网 +"走向"智能 +"是一种技术发展的必然结果。智能技术群的"核聚变"是推动智能经济发展的第一驱动力,推动着万物互联迈向万物智能,进而推动"智能 +"时代的到来。

2. 中国数字经济发展的需要

中国消费端的数字化、智能化程度,已在很多领域领先世界。中国网购人数全球第一;移动支付规模、比重,以及快递物流数量也都是全球第一。但供给端的数字化水平仍然较低,表现在:缺乏世界级知名品牌;企业大量的广告浪费、精准营销能力不足;新产品开发周期长,消费者反馈滞后,缺乏数据驱动的产品研发;数字化工厂的比例很低；柔性化生产、定制化生产能力不足，供应链体系数字化能力不够。

为了加速"智能+"接棒"互联网+"，就需要为消费端和供给端架起一座数字化能力的迁移之桥，探索一条数字化全面转型之路。从中国产业现状来看，以阿里巴巴商业操作系统为代表，这一路径正在变得越来越清晰。阿里巴巴将过去沉淀的购物、娱乐、本地生活等多元商业场景及相应的数字化能力与云计算等服务充分融合，形成阿里巴巴商业操作系统，助力企业各环节的数字化转型，实现端到端的全链路数字化，使品牌、商品、销售、营销、渠道管理、服务、资金、供应链、制造、组织、信息管理系统等商业要素实现数字化与智能化。

1.3.2 "智能+"战略的实施重点

1. 工业互联网是传统产业"智能+"的基础支撑

对传统产业来说，工业互联网不仅能通过信息技术应用在生产领域带来效率提高和品质改善，还能通过打通生产端与需求端，进一步推动资源要素配置、企业组织管理、商业模式等领域的根本变革，使消费者导向全面贯穿企业生产，打造市场竞争力强的产品和服务。当前，世界各国和行业领军企业都在加快布局工业互联网，工业互联网的国际体系尚处于建立之中。我国加快发展工业互联网大有可为，需要做好工业互联网顶层设计，突出强化创新性研发应用，提高与产业需求的匹配度，加快推进工业互联网试点示范工作。

2. "智能+"的重点领域是制造业

以"智能+"接棒"互联网+"，不仅是因为我国制造业正处于由大到强、爬坡过坎的关键时期，更是因为智能技术经过了多年的发展，我国人工智能、大数据等领域已涌现出一些领先世界的技术成果。

制造业是实体经济的主体，是技术创新的主战场，也是供给侧结构性改革的重要领域。制造业需要"智能+"，需要深度融合人工智能、物联网、大数据、云计算等先进技术，改进技术装备，提高生产效率，优化制造模式，重构研、产、销全流程。推行智能制造，有助于提升制造业品质水平和服务能力，帮助我国从制造大国转型为制造强国。

"智能+"也需要制造业这个大舞台，制造业领域的需求能够为"智能+"相关的新一代信息技术产业提供庞大的市场，并从需求端倒逼智能技术进步，在与产业融合发展的进程中找到新的突破点，推动智能产业自身蓬勃发展和壮大。

本章小结

　　本章主要介绍了"互联网 +"战略的实施背景，分析了从"互联网 +"到"智能 +"战略转移的原因及实施重点。通过对本章的学习，读者可进一步理解"互联网 +"战略的实质，理解"互联网 +"战略是中国经济新常态下抢占竞争制高点，引领企业创新、驱动产业转型，推动众创时代到来的重要引擎。了解互联网新技术的发展现状及发展趋势，培养读者的独立思考能力和创新精神。

本章思考题

1．"互联网 +"的本质可以概括为八个字——跨界融合，连接一切，你的理解是什么？

2．互联网如何促进中国制造业的转型升级？

3．互联网对你来说，有哪些利与弊？

4．分析大数据与云计算的关系。

5．物联网的技术体系架构是怎样的？

6．云计算有哪些特点？它有什么缺点吗？

7．谈谈你对"互联网 +"战略的认识。

8．国家实施"智能 +"战略的目的是什么？

第 2 章
"互联网 + 行业"

　　"互联网 +"提供了互联网和任何行业融合的可能性。"互联网 + 零售业"造就了国内几大电商巨头。"互联网 + 金融业"催生了互联网金融，出现了以支付宝为代表的各种金融创新产品，互联网金融理财走进老百姓的日常生活。"互联网 + 旅游业"催生了各种旅游类交易平台，这些平台为用户提供酒店预订、机票预订、旅游度假一站式解决方案，或者为用户制订自由行方案，或者为用户提供"省时、省心"的一站式多元化航班出行解决方案。"互联网 + 房地产""互联网 + 汽车业""互联网 + '三农'""互联网 + 物流业""互联网 + 健康医疗"等，都进入快速发展期，互联网正一步步地渗透传统行业，改变甚至颠覆传统行业的生产经营模式。

　　本章主要探讨互联网与工业、农业、零售业三大传统行业的融合发展，揭示"互联网 +"战略为传统行业带来的机遇与挑战。

本章学习目标

1. 知识目标
（1）了解互联网为传统行业带来的机遇与挑战。
（2）了解传统行业如何基于新技术进行变革与创新。

2. 能力目标
（1）能够站在技术发展的前沿，从新技术的视角审视分析各行业发展现状。
（2）能够比较深入地理解传统行业与互联网的融合发展与创新，突破思维障碍，从而发现问题。

3. 素质目标
（1）具有独立思考能力，树立创造性提出问题、采用新方法解决新问题的意识。
（2）具有良好的信息素养和自主学习能力，能够利用正确方法掌握新知识、新技能。
（3）具有强烈的民族自豪感、爱国主义情怀和主人翁的责任感。

5G 汽车智能制造——华为 5G 工业互联网解决方案之一

华为的 5G 工业互联网解决方案已被国外某汽车制造商采用，主要用于三大场景。

一是汽车软件包 5G 自动下载。随着现代汽车的电子部件进化得越来越复杂，尤其是自动驾驶时代即将到来，车载计算机的预装软件包正变得越来越大，从几 GB 到十几 GB，未来甚至更大。在传统的汽车生产线上，在车载计算机里安装软件包由专门的工位来完成，通过有线网络或者存储卡来复制，每辆汽车都要单独进行，耗时很长，这被称为汽车生产流水线上的一个堵点。华为 5G 工业互联网改造后，就可以取消这个软件安装工位，汽车在生产线上各个工位移动的过程中，通过 5G 工业互联网就可以自动下载软件包，生产线的整体效率大大提高。

二是汽车生产线上的机械臂更换各种不同的工具头模块。传统做法是通过工具头上的插针进行有线通信，但插针容易损耗，影响通信。5G 工业互联网改造后，每个工具头上都有一个 5G 通信模块，能够实时地与机械臂交换各种参数，减少了插针损耗，缩短了机械臂停机检测时间，提高了生产效率。

三是柔性生产线管理。使用 5G 工业互联网替代传统的有线工业互联网后，对于需要灵活配置、移动设备和材料的工位来说，免去了线缆拆除和安装的麻烦。远程 PLC（可编程逻辑控制器）通过 5G 无线配置和控制工位的设备和材料生产不同的产品。

华为的 5G 工业互联网解决方案，在底层能够提供完备的数据采集方案，兼容大量的工业总线和协议；在上层能够打通所有的工业软件，进行数据共享。

思考题：

要成功实行 5G 工业互联网解决方案，对供给端和需求端有什么样的要求？

2.1　"互联网＋工业"

"互联网＋工业"就是传统制造业企业采用互联网、移动互联网、云计算、大数据、物联网等信息通信技术，优化研发与设计、生产与制造、营销与服务等环节，彻底改造传统工业。

2.1.1 工业互联网

1. 工业互联网的定义

工业互联网（Industrial Internet）是新一代信息通信技术与工业经济深度融合的新型基础设施、应用模式和工业生态，通过对人、机、物、系统等的全面连接，构建起覆盖全产业链、全价值链的全新制造和服务体系，为工业乃至产业数字化、网络化、智能化发展提供了实现途径，是第四次工业革命的重要基石。

工业互联网不是互联网在工业中的简单应用，而是具有更为丰富的内涵和外延。它以网络为基础、平台为中枢、数据为要素、安全为保障，既是工业数字化、网络化、智能化转型的基础设施，也是互联网、大数据、人工智能与实体经济深度融合的应用模式，同时也是一种新业态、新产业，将重塑企业形态、供应链和产业链。

2. 工业互联网的发展背景

近年来，新一轮科技革命和产业变革快速发展，互联网由消费领域向生产领域快速延伸，工业经济由数字化向网络化、智能化深度拓展，互联网创新发展与新工业革命形成历史性交汇，催生了工业互联网。

加快发展工业互联网，促进新一代信息技术与制造业深度融合，是顺应技术、产业变革趋势，加快制造强国、网络强国建设的关键抓手，是深化供给侧结构性改革、促进实体经济转型升级、持续推进可持续发展的客观要求。

（1）从工业经济发展角度看，工业互联网为制造强国建设提供关键支撑。一是推动传统工业转型升级。工业互联网通过跨设备、跨系统、跨厂区、跨地区的全面互联互通，实现各种生产和服务资源的优化配置，实现提质、降本、增效、绿色、安全发展，推动制造业高端化、智能化、绿色化，大幅提升工业经济发展质量和效益。二是加快新兴产业培育壮大。工业互联网促进设计、生产、管理、服务等环节由单点的数字化向全面集成演进，加速创新方式、生产模式、组织形式和商业模式的深刻变革。

（2）从网络设施发展角度看，工业互联网是网络强国建设的重要内容。一是加速网络演进升级。工业互联网促进人与人相互连接的公众互联网、物与物相互连接的物联网向人、机、物、系统等的全面互联拓展，大幅提升网络设施的支撑服务能力。二是拓展数字经济空间。工业互联网具有较强的渗透性，可以与交通、物流、能源、医疗、农业等实体经济各领域深度融合，实现产业上下游、跨领域的广泛互联互通，推动网络应用从虚拟到实体、从生活到生产的科学跨越，极大地拓展了网络经济的发展空间。

3．工业互联网的典型模式

微课扫一扫

工业互联网融合应用推动了一批新模式、新业态兴起，使提质、增效、降本、绿色、安全发展成效显著，初步形成了平台化设计、智能化制造、网络化协同、个性化定制、服务化延伸、数字化管理六大类典型应用模式。

（1）平台化设计是依托工业互联网平台，汇聚人员、算法、模型、任务等设计资源，实现高水平、高效率的轻量化设计、并行设计、敏捷设计、交互设计和基于模型的设计，变革传统设计方式，提高研发质量和效率。

（2）智能化制造是互联网、大数据、人工智能等新一代信息技术在制造业领域加速创新应用，实现材料、设备、产品等生产要素与用户之间的在线连接和实时交互，逐步实现机器代替人生产。智能化是制造业未来发展的趋势。

（3）网络化协同是通过跨部门、跨层级、跨企业的数据互通和业务互联，推动供应链上的企业和合作伙伴共享客户、订单、设计、生产、经营等各类信息资源，实现网络化的协同设计、协同生产、协同服务，进而促进资源共享、能力交易以及业务优化配置。

（4）个性化定制是面向消费者个性化需求，根据客户需求准确获取和分析、开发设计敏捷产品、柔性智能生产、精准交付服务等，实现用户在产品全生命周期中的深度参与，是以低成本、高质量和高效率的大批量生产实现产品个性化设计、生产、销售及服务的一种制造服务模式。

（5）服务化延伸是制造与服务融合发展的新型产业形态，指的是企业从原有制造业务向价值链两端高附加值环节延伸，从以加工组装为主向"制造 + 服务"转型，从单纯出售产品向出售"产品 + 服务"转变，具体包括设备健康管理、产品远程运维、设备融资租赁、分享制造、互联网金融等。

（6）数字化管理是企业通过打通核心数据链，贯通生产制造全场景、全过程，基于数据的广泛汇聚、集成优化和价值挖掘，优化、创新乃至重塑企业战略决策、产品研发、生产制造、经营管理、市场服务等业务活动，构建数据驱动的高效运营管理新模式。

2.1.2 智能制造

1．智能制造是全球工业化的大势所趋

智能制造是工业互联网的典型模式之一，也是全球工业化的大势所趋，更是重塑国家间产业竞争力的关键因素。为占领智能化生产技术的制高点，许多国家提出了跨世纪的研究计划，将智能制造列为重要研究内容。

德国"工业 4.0"概念被认为是以智能制造为主导的第四次工业革命，旨在通过深度应用信息技术，将制造业向智能化转型；美国"工业互联网"基于互联网技术，使制造业的数据流、硬件、软件实现智能交互；我国将"智能制造"作为制造业转型升级的主攻方向，其实质是通过互联网与工业深度融合，在新一轮产业革命中抢占未来制造业变革的先机，引领我国制造业向"智能化"转型升级。

下面分别介绍德国"工业 4.0"、美国"工业互联网"以及中国通过"互联网 + 工业"，实现制造业转型升级的战略内涵。

（1）德国"工业 4.0"：凭借制造业根基，借助互联网升级制造业

所谓工业 4.0（Industry 4.0），是基于工业发展的不同阶段做出的划分。工业 1.0 是蒸汽机时代，工业 2.0 是电气化时代，工业 3.0 是信息化时代，工业 4.0 则是利用信息化技术促进产业变革的时代，也就是智能化时代。

尽管德国拥有世界一流的机器设备和装备制造业，但是全球机械设备领域日趋激烈的竞争，威胁着德国制造商在全球市场的地位，并且互联网技术是德国工业的相对弱项，面对新一轮技术革命的挑战，德国推出"工业 4.0"战略，目的就是充分发挥德国的制造业基础及传统优势，大力推动互联网、物联网技术在制造业领域的应用，形成信息物理系统，以便在向未来制造业迈进的过程中占领高地。

"工业 4.0"的实质就是德国凭借制造业根基，借助互联网升级制造业，在制造业内植入互联网，创新制造模式、整合生产资源、提高生产效率，从而促进制造业的转型升级。也可以说，德国"工业 4.0"是制造业互联网化的体现。

"工业 4.0"项目主要分为三大主题。

一是"智能工厂"，重点研究智能化生产系统及过程，以及网络化分布式生产设施的实现。

二是"智能生产"，主要涉及整个企业的生产物流管理、人机互动以及 3D 技术在工业生产过程中的应用等。该计划特别注重吸引中小企业参与，力图使中小企业成为新一代智能化生产技术的使用者和受益者，同时也成为先进工业生产技术的创造者和供应者。

三是"智能物流"，主要通过互联网、物联网、物流网，整合物流资源，充分提高现有物流资源供应方的效率，而需求方则能够快速与服务匹配，得到物流支持。

（2）美国"工业互联网"：凭借互联网优势，以互联网"反哺"制造业

"工业互联网"的概念最早是由美国通用电气公司于 2012 年提出的，随后，美国通用电气公司联合另外四家 IT 巨头（IBM、思科、英特尔、微软）组建了工业互联网

联盟，将这一概念大力推广开来。"工业互联网"的主要含义是，在现实世界中，机器、设备和网络能在更深层次与信息世界的大数据和分析连接在一起，带动工业革命和网络革命两大革命性转变。

与德国不同的是，美国工业互联网的发展思路是：用美国在新一代信息技术和智能软件等基础产业的全球领先优势"反哺"制造业，显著提升制造企业智能化、数字化水平，从而在灵巧性、质量、效率、可持续性等方面重塑美国制造业的长期竞争力。

工业互联网基于互联网技术，使制造业的数据流、硬件、软件实现智能交互。工业互联网联盟的愿景是使各个制造业厂商的设备之间实现数据共享。这就至少会涉及互联网协议、数据存储等技术。而工业互联网联盟的成立目的在于通过制定通用的工业互联网标准，利用互联网激活传统的生产制造过程，促进物理世界和信息世界的融合。

工业互联网的关键是通过大数据实现智能决策。未来的制造业中，由智能设备采集大数据之后，利用智能系统的大数据分析工具进行数据挖掘和可视化展现，形成智能决策，为生产管理提供实时判断参考，反过来指导生产，优化制造工艺。

工业互联网的三大要素为智能设备、智能系统、智能决策，当这三大要素与机器、设施、组织和网络融合到一起的时候，工业互联网的全部潜能就会被激发出来。生产率提高、成本降低和节能减排所带来的效益将带动整个制造业的转型升级。

（3）中国通过"互联网 + 工业"，实现制造业转型升级

随着新一轮工业革命的到来，云计算、大数据、物联网等新一代信息技术在未来制造业中的作用越发重要。通过互联互通，云计算、大数据这些新一代信息技术，与以前的信息化、自动化技术结合在一起，形成智能制造，从而可以动态地安排生产、进行网络协同合作，生产方式将由资源驱动变成信息驱动。

因此，中国将加快新一代信息技术与制造业融合作为主线，将智能制造作为主攻方向，以满足经济社会发展和国防建设对重大技术装备的需求为目标，强化工业基础能力，提高综合集成水平，促进产业转型升级，实现制造业由大变强的历史跨越。

某种程度上说，新一轮工业革命对于中国制造业而言是一个很好的机会，也是中国制造业转型升级的一个重要机遇。

2. 典型的智能制造模式

各国智能制造"不谋而合、异曲同工"，都以新一代信息技术与制造业深度融合为主线，以推进智能制造为主攻方向。那么，到底什么是智能制造呢？

智能制造（Intelligent Manufacturing，IM）是一种由智能机器和人类专家共同组成的人机一体化智能系统，在制造过程中能进行分析、推理、判断、构思、决策等智

能活动，系统通过人与智能机器的合作共事，扩大、延伸和部分地取代人类专家在制造过程中的脑力劳动，将制造自动化的概念扩展到柔性化、智能化和高度集成化。

智能制造的本质是虚拟网络和实体生产的相互渗透融合，通过将专家的知识和经验融入感知、决策、执行等制造活动中，赋予产品制造在线学习和知识进化的能力，使制造体系中的各个企业、各个生产单元高效协同，在减少对传统劳动力需求的同时，能极大地提高生产效率。

借助传感器、物联网、大数据、云计算等技术，智能制造能够实现设备与设备、设备与工厂、各工厂之间以及供应链上下游企业间、企业与用户间的无缝对接，企业可以更加精准地预测用户需求，根据用户多样化、个性化的需求进行柔性生产，并实时监控整个生产过程，提供低成本的定制化服务。

下面分析两种典型的智能制造模式。

（1）以打通企业"信息孤岛"为核心的智能工厂模式

以海尔的智能工厂为例，海尔从2012年就开始投资建设第一家智能工厂（海尔称之为"互联工厂"），如今，海尔在全球落地了多个互联工厂。2018年，胶州海尔中央空调互联工厂入选首批全球"灯塔工厂"；2020年，沈阳海尔冰箱互联工厂成为全球冰箱行业首个"灯塔工厂"；2021年，天津海尔洗衣机互联工厂成为全球洗衣机行业首个端到端"灯塔工厂"；2022年，郑州海尔热水器互联工厂成为全球热水器行业首个端到端"灯塔工厂"。

以郑州海尔热水器互联工厂为例，其将5G、仿真、大数据等工业4.0技术与先进制造技术深度融合，实现了关键设备的100%互联、20项自动光学检测（Automated Optical Inspection，AOI）应用以及264个产品自动测试，实现了从产品开发设计到用户多能源智慧用水的转型升级，生产效率提高31%，整体成本降低4.8%，不良率下降56%，能源消耗降低20%。

海尔的互联工厂不仅引进了大量智能化、自动化设备，还实现了供应链、生产制造、物流配送等系统的信息化互联，尤其是搭建了与用户、研发资源、供应商资源对接的交互平台。

其中，与用户、供应商的互联是拉动海尔互联工厂的"两驾马车"。为此，海尔搭建了"众创汇"用户交互定制平台和"海达源"模块商资源平台。

① 海尔互联工厂的前端就是"众创汇"用户交互定制平台，在这个平台上，用户可实现个性化产品定制。用户在网上下单后，订单就会从海尔的平台传递到离送货地最近的工厂。用户的需求会被传递到生产线上的各个工位，员工根据需求进行生产优化，

而生产线上的 1 万多个传感器则保证了产品、设备、用户之间互联互通。员工只需要把配件随机放进吊笼里，生产线就可以根据用户定制的型号自动检索。生产完这个型号的产品，系统会自动知道下一个型号的产品是什么，10 秒之内自动完成切换。该平台通过这种方式满足用户个性化定制的需求。用户可以通过多种终端查看产品生产的全过程，用户不再是旁观者，而是可以全流程参与的人员。

② "海达源" 模块商资源平台是海尔为供应商提供的在线注册、直接对接用户需求的零距离平台。在该平台上，海尔向全球一流模块商发布用户需求，模块商凭借满足需求的模块解决方案无障碍进入平台抢单。模块商的注册、需求响应、方案选择结果、评价结果等全过程都在平台透明化，考核模块商的主体不再是企业，而是用户。模块商资源平台将企业与模块商传统的价格博弈关系转变为共创共赢关系，双方共同致力于提供满足用户需求的产品解决方案。海尔模块商资源平台已经入驻了 2 万多家模块商，在线交互 5 万多个解决方案以满足用户的需求。

互联工厂被称为 "用户生产" 模式，它能够让用户的需求意见贯穿产品设计、生产全过程，整个制造过程的起点和归宿都是用户。智能制造所需要的不仅仅是设备的升级或单纯的人工智能开发，而是围绕用户需求，实现全流程端对端互联，对整个制造业进行水平整合和垂直整合，采用一切可能的技术与手段，满足用户的个性化需求和使用户获得最佳体验。

（2）以满足消费者个性化需求为目标的大规模个性化定制模式

以红领西服个性化定制为例，在定制西服的传统概念中，定制与工业化通常是天然矛盾的。定制西服往往就意味着手工量体，手工打版，然后用廉价的衣料手工制作毛坯，客人试穿后可能要进行多次修改，所以定制西服一般需要三到六个月的时间。而红领西服的个性化定制系统解决了这一问题：用规模化工业生产满足消费者的个性化需求。

红领西服创立于 1995 年，品牌初心是让每个人都能 "穿上像样的衣服"。2004 年雅典奥运会，中国体育代表团着红领金装入场，尽显东方魅力，"最美奥运金装" 成为时代的华丽印记。历经 20 多年的发展，在酷特 C2M 产业互联网平台赋能下，红领西服已发展为全球 C2M 时尚定制品牌，客户需求直达智能工厂，以需求驱动生产，把互联网、物联网等信息技术融入柔性化制造中，实现了以工业化的手段、效率和成本制造个性化的产品。红领西服以 C2M 为核心，实现了 "一人一版，一衣一款，大牌面料、全球直采，AI 量体，7 个工作日成衣"，更好地满足了消费者的个性化需求。

知识拓展

C2M

C2M 是英文 Customer to Manufacturer（用户直连制造）的首字母缩写，是一种新型的电子商务互联网商业模式，是指现代制造业中由用户驱动生产的反向生产模式。C2M 是基于互联网、大数据、人工智能等技术，并通过生产线的自动化、定制化、节能化、柔性化，运用庞大的计算机系统随时进行数据交换，按照客户的产品订单要求，设定供应商和生产工序，最终生产出个性化产品的工业化定制模式。

C2M 强调的是制造业与消费者的衔接，它是一种"聪明"模式：在 C2M 下，消费者直接通过平台下单，工厂接收消费者的个性化需求订单，然后根据需求设计、采购、生产、发货。C2M 主要包括纯柔性生产和小批量多批次的快速供应链反应。

C2M 可省去库存、物流、总销、分销等一切可以省去的中间环节，砍掉了包括库存在内的所有不必要的成本，让用户以超低价格购买到超高品质的产品，同时让高端制造业直接面对用户需求。

2003 年，红领西服开始进行个性化服装定制系统的探索。历经 10 多年时间，投入 2.6 亿元资金，打造出业内知名的"红领模式"，形成以工业化的手段、效率和成本，大规模定制个性化产品的智能制造系统。红领西服个性化定制平台 RCMTM 每天生产 1 200 套西服，都是一次性制作完成的。红领西服的个性化定制到底是如何实现的呢？

① 用大数据系统替代手工打版。输入客户的身体尺寸数据后，计算机辅助设计系统会自动匹配适合的版型，这项工作没有大数据是做不成的。要建成大数据系统，首先要有海量技术数据。红领西服多年来一直在累积数据，具有建立大数据系统的基础。

② 建立数学分析模型。拥有数据之后的关键问题是怎么用，即要建立怎样的数学分析模型。建模型是难度最大的一个环节，红领西服为此建立了一个 150 人的团队，先设立规则，并按规则建立数据库。用于测试的衣服做出来后，有不合适的地方，再去修改规则。这样不停地修改规则，不停地改变数据库。

③ 重新调整生产线。大数据解决了制版问题，接下来的问题是如何打版。衣料怎么裁，裁完以后如何把剪裁好的衣料分配到生产线上去缝制、熨烫、质检、入库等。

由于定制产品是根据每个人的身体数据制作的，流水线上的每件衣服都是不同的，那么，生产线如何实现标准化生产？答案是对生产线重新调整。据统计，红领西服大系统中包含着 20 多个子系统，全部以数据来驱动运营。每天系统会自动排单、自动裁剪、自动计算、整合版型，根据一组客户量体数据就可以完成定制、服务全过程，每个员工都在互联网终端上工作。

在这种模式下，原本全手工制作，动辄价格数万元的定制西服的价格降低到了一两千元，而制作周期也从半年左右变成了 7 个工作日。

个性化定制并不是个新鲜的话题，但大规模定制尚不多见。大规模定制的难点在于，如何将各种各样的个性化工艺极度标准化、系统化和信息化，这不是一个简单的过程，工作量很大，而且需要打通的环节也很多。由于我国工业化起步晚，技术积累相对薄弱，信息化水平相对较低，我国制造业要全面实现数字化、网络化、智能化还有很长的路要走。

2.2 "互联网＋农业"

2021 年中央一号文件指出，我国要深入推进电子商务进农村和农产品出村进城，推动城乡生产与消费有效对接；我国要发展智慧农业，建立农业农村大数据体系，推动新一代信息技术与农业生产经营深度融合。

"互联网＋农业"是一种生产方式、产业模式与经营手段的创新。"互联网＋农业"代表着现代农业发展的新方向、新趋势，为转变农业发展方式提供了新路径、新方法。

2.2.1 农产品上行

电子商务是农产品经营手段的创新模式，电子商务发展到今天，工业品下乡在大部分农村地区都有了一定的基础。因此，农产品上行成为农村电商工作的当务之急。

要实现农产品上行，需要做好以下几方面的工作。

1. 生态体系建设

农产品上行不是开几家网店就能做到的。农产品是非标品，要成为好商品、好网货，首先农产品的质量要有保障，这是农产品上行最基本的要求。农产品的品质有了保障，接下来的问题便是标准化问题，即统一品牌、统一包装、统一标准、统一质量。要将农村丰富的资源转化为市场价值，需要一系列的生态体系建设，包括品质控制、溯源技术应用、品牌打造、包装设计提升等多个方面。

2. 发挥群体性优势

国内县域电商发展比较好的地方，离不开当地政府、龙头企业的引领，比如成县的"核桃县长"，五常的"大米市长"，江西赣南110联动卖脐橙，只有这样才能卖出规模、卖出影响力。

地方政府的重点工作是促进农产品标准化、生产认证、品牌培育和质量追溯体系建设以及农产品上行的物流基础设施建设等，服务商能够发挥引领与示范作用。只有政府、企业、农户联动，形成农产品上行的合力，才能有效解决农产品上行问题。

3. 厘清农产品上行对象

不同的群体对农产品的要求不同，针对不同的上行对象要采取不同的营销策略、包装和营销模式，推出差异化和个性化的农产品。

（1）B2B交易的B端客户

B端客户是主要的农产品上行对象，包括农产品批发商、加工企业、超市、餐饮连锁企业、B2C卖家、出口贸易企业等。B端客户对农产品的标准化、规模化及农产品品质要求比较高。

初具规模的种植和养殖大户、农场、合作社可以优先考虑B2B模式，根据B端客户的需求，提升农产品的品质和附加值，让优质的农产品优价；种植散户可以通过组成合作社，突破标准化和规模化的瓶颈，成为B端的供货者；地方龙头企业可以发展B2C卖家，让其代理自己的农产品，通过B2B2C模式达到销售目的。

 知识拓展

B2B2C

B2B2C是一种新的网络通信销售方式，是英文"Business to Business to Consumer"的简称。第一个B指广义的卖方（成品、半成品、材料提供商等）。第二个B指交易平台，卖方与买方在该平台联系，该平台还提供优质的附加服务。C指买方。

卖方不仅包括企业，还包括个人。交易平台绝非简单的中介，而是提供高附加值服务的渠道机构，提供客户管理、信息反馈、数据库管理、决策支持等功能，通过统一的经营管理对商品和服务、消费者终端同时进行整合，是广大供应商和消费者沟通的桥梁，为供应商和消费者提供优质的服务，是互联网电子商务服务的供应商。B2B2C 包括现存的 B2C 和 B2B 平台的商业模式，更加综合化，可以提供更优质的服务。

B2B2C 把供应商、生产商、经销商、消费者紧密连接在一起，整个供应链是一个从创造增值到价值变现的过程，把从生产、分销到终端零售的资源进行全面整合，不仅大大提升了互联网电子商务的服务能力，还有利于客户获得增加价值的机会。

交易平台帮助商家直接充当卖方角色，把商家直接推到与消费者面对面的前台，让生产商获得更多的利润，使更多的资金投入技术和产品创新，最终让广大消费者获益；同时为所有的消费者提供新的电子交易规则，颠覆了传统的电子商务模式，将企业与单个客户的不同需求整合在一个平台上，这方面的代表有天猫商城、京东商城、银联商城等。

（2）B2C 交易的 C 端客户

C 端客户是目前农产品上行最直接的终端个人消费者，对于个人消费者，需要分清消费层次，采用不同的发展策略。

中高端消费者对品质敏感，对价格不敏感，要想抓住这类群体，就要加强农产品生产源头管理，保证产品的品质。

初级消费者是农产品上行客户金字塔的塔底，基数比较大，此类人群往往对价格比较敏感，客单价不高，忠诚度不高，但是网购频率较高，往往成为农产品电商"走量"的群体。此类群体不容忽视，很多中高端消费群体往往就是由此类群体转化而来的。

4．多渠道营销

移动互联网时代已经到来，农产品上行必须基于这一趋势，做整体的分销渠道搭建，实施全网、多屏、跨平台策略，利用一切可以利用的渠道进行分销。

由于农产品非标准化，其更适合通过社交电商模式销售，如通过短视频、直播等销售。

5．强化农产品品牌建设

农产品品牌建设不足是农产品上行最大的短板。品牌是信誉和质量的保证，农产品品牌化是现代农业的核心标志。

（1）农产品区域公共品牌的建设是农产品品牌建设的重要内容，有利于提升一个地区农产品的整体形象，如说起苹果，我们自然就想到烟台苹果、宽城苹果、洛川苹果、阿克苏苹果等。农产品区域公共品牌一般由政府和协会来打造。

（2）除了农产品区域公共品牌，企业还要打造自己的产品品牌和商业品牌，通过这些个性化品牌的打造给消费者留下深刻的印象。

小故事

"陶柒柒"黄桃罐头——打造时尚 IP

山东姑娘郭某创立的黄桃罐头品牌名叫"陶柒柒"，她请来设计师，为"陶柒柒"黄桃品牌设计了新颖、时尚的包装。"陶柒柒"罐上绘着一个漂亮女孩，有绿、黄、粉和紫四种主题颜色，分别代表着清新、活力、优雅、知性四种性格，以此来引发更多女生的共鸣，激发她们的购买欲望。

同时，郭某通过微博、微信公众号和朋友圈等为"陶柒柒"策划了丰富的线上征集、优惠推广、热点营销等活动，包括利用黄桃罐头回忆"80 后"童年、情人节系列推广营销等；郭某还经常通过直播等手段，展示桃花美景、精致罐头产品等，来推广和营销"陶柒柒"IP。

因此，农产品想要得到消费者的认可，必须有独特卖点，并且引起消费者的共鸣。只有被消费者认同、认可，农产品才不会卖不出去。

 知识拓展

文化 IP

IP（Intellectual Property）是指知识产权，也称智力成果权，指的是通过智力创造性劳动所获得的成果，是智力劳动者对成果依法享有的专有权利。IP 的概念被借用到文化影视中指代原创内容及版权，被称为文化 IP。

随着文化产业和互联网的发展，文化 IP 不仅包括原创内容，还包括围绕它的一系列的商业开发。围绕文化 IP 资源的开发利用，不少文化企业还制定了文化 IP 战略。

文化 IP 是有着高辨识度、大流量、强变现能力、长变现周期的文化符号。

在如今的语境下，文化 IP 已不再局限于文学、动漫、影视作品，诸如清明上河图、曾侯乙编钟等国宝重器，敦煌飞天壁画、秦兵马俑等景区文物古迹，奥运会、世界杯等顶级赛事均可成为文化 IP。

文化 IP 产业是强运营、强供应链需求的行业。高价值文化 IP 的全版权开发需要在变现等各个细分领域实现价值，而采用不同手段变现所需要的条件有所不同。

衍生品开发需要的是集产品设计、研发、开模、小批量生产、供货等为一体的供应链体系；影视剧开发涵盖了剧本创作、影视拍摄、后期配音、特效制作、宣发、票务、影院、衍生品、版权交易等环节，涉及工种有几百个。

2.2.2 智慧农业

"互联网 + 农业"是一种生产方式、产业模式与经营手段的创新，通过便利化、实时化、物联化、智能化等手段，对农业的生产、经营、管理、服务等农业产业链环节产生了深远影响，为农业现代化发展提供了新动力。"互联网 + 农业"有助于发展智慧农业、精细农业、高效农业、绿色农业，提升农业质量效益和竞争力，实现由传统农业向现代农业转型。

智慧农业是农业生产的高级阶段，其综合利用互联网、移动互联网、云计算和物联网等技术，依托农业生产现场的各种传感节点和无线通信网络，实现农业生产环境的智能感知、预警、决策、分析以及专家在线指导，为农业生产提供精准化种植建议、可视化管理、智能化决策。智慧农业主要应用于农业生产环境监控和农产品溯源两大领域。

1. 农业生产环境监控

布设于农田等目标区域的大量传感器、控制器、摄像头等设备，实时收集温度、湿度、光照、气体浓度等农作物生长环境信息并汇总到控制系统。农业生产人员通过监测数据对环境进行分析，有针对性地投放生产资料，并根据需要调用各种设备进行自动灌溉、降温、施肥、喷药等操作，实现对农作物生长环境的智能控制。

小故事

甘肃张掖现代农业示范园，开启智慧农业标准化种植

甘肃春绿农产品贸易有限公司是一家从事蔬菜种植、加工、销售的企业，以前都由工人定时到大棚里监测、记录蔬菜生长的环境数据，用手触摸蔬菜，根据个人经验判断蔬菜生长情况，决定农事安排。这样不但生产成本高，而且人工测量的差异性、个人经验的局限性以及工人使用农资的不规范性，都会影响到蔬菜的品质。

该公司选择某智慧农业云平台来解决这些问题。云平台提供的服务如下。

（1）监测功能

部署在大棚内外的传感器、控制器、摄像机、智能网关等设备，自动采集大棚里的土壤和空气的温湿度、水分、光照、风向、风速等环境数据，并24小时实时监测。

智能设备替代人工作业，以前多人轮班负责管理一个大棚，现在一个管理员可以通过云平台同时管理好几个大棚，大大降低了成本，提高了采集数据的准确性。

（2）控制功能

管理员通过云平台可以远程控制大棚内设备的开关。过去要给地里的蔬菜浇水，需要安排工人到大棚里，挨个打开水泵，还得看着表守着，浇完水后又得跑去逐个关掉水泵，不仅耗时耗力，有时候关水不及时还会造成浪费水资源的现象，严重的甚至造成蔬菜被泡根，影响蔬菜的生长和品质。但运用云平台之后，管理员登录云平台就可以实现对水泵的远程控制，再也不用安排工人来回跑。

（3）预警功能

云平台还具有智能预警功能，假如夜里大棚内温度过低，系统会发出预警功能，并自动启动升温装置，避免蔬菜夜里被冻坏，让蔬菜始终处于适宜生长的环境中。

正是因为从生产端最大限度地实现智能化，实施智慧农业标准化生产，该公司的生产成本大大降低了，同时生产过程的标准化数据监控，使蔬菜品质更稳定，提升了市场竞争力。

2. 农产品溯源

对农产品的高效可靠识别和对生产、加工环境的监测，实现对农产品的追踪、清查，进行有效的全程质量监控，确保农产品安全。

农产品溯源档案信息，包括品牌农产品介绍、全程图片展示、农药肥料记录、主要环境数据、实时视频直播、行业资质认证、销售渠道信息等。农产品溯源档案对应唯一的二维码、条形码，便于进行农产品信息追溯。

小故事

智慧农业养鸡试点，全程溯源把控品质

广西兴业和丰禽业有限公司主要生产三黄鸡，在三黄鸡生长过程中对空气温湿度的要求非常严格，工人需要频繁到鸡舍巡查，现场开关设备，不仅效率低，而且无法实时监测，有异常变化的情况也无法及时处理。

该公司利用某智慧农业云平台的智能监控系统对养殖场进行实时监测与远程控制，同时采用产品安全溯源系统，将监控到的数据信息，自动生成溯源档案，每一批三黄鸡都有详细的溯源档案，且每份溯源档案对应唯一的防伪二维码和条形码。消费者在购买时只需扫一扫包装上的二维码，就能快速知道三黄鸡的相关信息，包括全生长期图片、环境数据、品种介绍、无公害认证信息等，能全面了解三黄鸡从养殖到流通的详细情况。这让购买变得透明、真实，企业也树立了绿色健康、诚实可信的形象。

小故事

伊利奶品追溯系统

伊利公司为每头奶牛建立一个身份档案，通过信息化技术，记录奶牛养殖过程的详细信息，甚至记录每次挤奶的全过程，在原奶进厂后生成随机的二维码，将奶品的全部信息记录下来：包括奶源取自哪一头奶牛，奶牛的养殖情况，奶品的生产、流通、销售环节等信息。消费者通过扫描二维码，可以对奶品的全程进行追溯。伊利公司的有关人员还可以根据产品上的条形码详细追溯产品的生产信息，如产自哪个厂区、哪个车间甚至是哪一批奶牛等。

伊利公司搭建追溯系统，让奶品实现生产、流通、销售全程可追溯，真正实现了食品安全链条可视化、数据化，有效加强了对食品安全的监管，更好地保障了消费者的权益。

2.3 "互联网＋零售业"

随着互联网技术的快速发展，人们的生活方式和消费习惯也发生了改变，对传统零售业提出了新的要求，从而不断催生出基于互联网技术的零售新模式，即新零售。

2.3.1 新零售的内涵

1. 新零售的定义

新零售是指企业以互联网为依托，运用大数据、人工智能等技术手段，对商品的生产、流通与销售过程进行升级改造，进而重塑业态结构与生态圈，并对线上服务、线下体验以及现代物流进行深度融合的零售新模式。

2. 新零售的核心驱动力

（1）消费升级

在经历了多年的网上购物之后，消费者慢慢发现，网上买东西虽然便宜又方便，但是在一些方面的体验感不好，比如无法试穿衣服，有些商品的品质比较差。

现在的消费者既想要网上购物的便利和低价，又想要实体店的体验和服务，更想要高品质的产品。这种消费观念、消费需求的变化，促使零售业必须将线上服务与线下体验进行有机融合。

（2）新技术的应用

新零售的发展需要相应的技术作为支撑，近几年移动互联网、移动支付、人工智能、大数据等技术进步对新零售发展具有很大的促进作用。

移动支付提升了用户的购物体验、积累了大量用户数据，是开展新零售的一项重要基础技术。其他领域的技术进步将会从采购、生产、供应、营销等各个环节改造零售业，为新零售未来发展提供支撑。数据分析技术、定位技术等帮助 B 端和 C 端互相了解供需，进而使 C2B 柔性制造成为可能；机器视觉技术为无人零售提供解决方案。

知识拓展

C2B

　　C2B（Customer to Business，消费者到企业），是互联网经济时代新的商业模式。这一模式改变了原有生产者（企业和机构）和消费者的关系，是一种消费者贡献价值（Create Value），企业和机构消费价值（Consume Value）的模式。C2B 和我们熟知的供需模式恰恰相反。

　　C2B 应该先有消费者需求产生而后有企业生产，即先有消费者提出需求，后有生产企业按需求组织生产。通常情况为消费者根据自身需求定制产品和价格，或主动参与产品设计、生产和定价，产品、价格等彰显消费者的个性化需求，生产企业进行定制化生产。

　　C2B 以消费者为中心。站在消费者的角度看，C2B 产品应该具有以下特征：第一，相同生产厂家的相同型号的产品无论通过什么终端渠道购买，价格都一样，渠道不掌握定价权（消费者平等）；第二，C2B 产品价格组成结构合理（拒绝暴利）；第三，渠道透明（拒绝山寨）；第四，供应链透明（品牌共享）。

　　虽然目前这些技术并未完全成熟，商业落地还需时日，但是当技术发展到一定程度时，就可以成熟地用于零售业各环节，届时新零售的深度和广度将会进一步拓展。

3．新零售的三大进化路径

（1）线上与线下融合

　　线上与线下深度融合，不仅是打破实体零售业发展困境的关键，还是电商产业取得进一步突破的核心所在。融合是新零售时代企业需要掌握的重要经营思路。

　　为了更为精准地收集用户数据，企业必须将会员账号打通，并借助强大的数据搜集、分析、应用能力来获取消费需求。要想实现线上与线下的融合，企业需要开发相应的应用产品，采取激励手段，对员工进行技能培训等。

　　要想实现线上与线下商品的同步运营，比如同款同价、库存打通、终端随意调货等，品牌商需要对实体店的加盟体系进行变革，实现数据化运营，建立公平公正的利润分享机制等。

　　不同零售领域的消费场景存在着一定的差异，所以线上与线下融合时应采用不同的手段。

（2）"零售+体验式消费"

传统零售是以企业效率为中心的商业模式，而新零售更加注重用户体验。比如，发展无人商店，不仅是因为无人商店能够降低成本，而且是因为无人商店能给消费者提供更好的服务。比如，真正做到24小时不停业，而且商品和服务也很全。所以，零售革命的目标不仅是降成本，更重要的是给消费者带来更多的价值和更多的满足感。

同时，阿里巴巴通过线上和线下的资源及经验，为在线零售商开创了一种以消费者为核心的新型购物模式。阿里巴巴的Fashion AI，拥有50万名服装搭配师的经验，1秒可提供100种穿搭建议。这一AI解决方案也延伸到了线下消费场景。在一些特定的线下门店，消费者可以在智能试衣间试衣，房间里的屏幕将自动识别衣服的样式，并提出不同风格的搭配建议，消费者可以直接在智能试衣间中选择搭配并查看上身效果，甚至可以选择直接购买或在线订购。

（3）"零售+产业生态链"

新零售运营模式下不仅需要运营消费者及组织成员，还需要运营上下游产业链中的合作伙伴，企业应对上下游的合作伙伴给予足够的关注。另外，要想让这一模式真正落地，企业需要打造开放型的综合平台。购物中心、连锁商超及便利店等都是综合性的零售平台，它们需要为上下游产业链中的合作伙伴提供优质服务，阿里巴巴的"零售+产业生态链"模式尤其值得零售从业者借鉴。

比如，淘宝通过为生产商及制造商提供用户需求数据，来帮助他们快速高效地生产出更加符合消费者需求的优质产品；阿里巴巴通过成立菜鸟网络来为物流服务商搭建完善的物流配送网络，并开发出电子面单来提升物流服务商的发货效率，基于大数据技术和物流服务商在多个细分领域的合作，推出多元化的物流服务等。

总之，新零售不光涉及零售环节的问题，还涉及产业链和价值链重构、要素重构，企业应以消费者为核心对要素资源重新配置，进而形成新的生态。

2.3.2 我国新零售的典型发展模式

1. 阿里巴巴盒马鲜生

阿里巴巴新零售的典型代表是盒马鲜生——店仓一体化，线上、线下融合的零售新模式。

作为阿里巴巴新零售样板的盒马鲜生，以线下体验门店为基础，通过将线上、线下业务完全一体化，来满足周边3公里范围内的消费者对生鲜采购、餐饮以及生活休闲的需求。盒马鲜生实施线上、线下同品，保证商品的同一品质、同一价格。线下重体验，线上重交易，围绕门店 3 公里范围，构建起 30 分钟送达的冷链物流配送体系。消费者可以在门店直接采购，也可以在 App 下单，盒马专业配送团队 30 分钟内将产品免费送到消费者手中。

盒马鲜生之所以能做到 30 分钟送达，是因为盒马鲜生店铺既是门店，又是线上配送的前置仓，承担着线上平台盒马 App 的仓储、分拣及配送任务，可以实现 5 分钟内完成从下单到拣货的过程。门店的上方铺设了全自动悬挂链物流系统，可以第一时间分拣店中陈列的商品，快速送到后场出货。

盒马鲜生基于场景定位，围绕"吃"来构建商品品类，即时加工的餐饮模式和优质高效的水产供应链是它的"护城河"。盒马、天猫或阿里巴巴的买手团队，依托大数据工具，在全世界范围内根据消费者偏好直接采购，每天都可以从世界各地引进优质的生鲜。

阿里巴巴布局新零售的目的很明确，就是自己做生态圈的中心，通过大平台来支撑前端入口。目前阿里巴巴在新零售方面的布局已经展开，除了盒马鲜生以外，收购银泰商业，与百联战略合作，入股三江购物、联华超市、新华都等都是阿里巴巴向新零售迈进的动作。

2. 京东无界零售

京东认为未来零售是以消费者为中心的，是无处不在、无时不在的，可以概括为：场景无限、货物无边、人企无间。

"场景无限"意味着消除空间的边界，物联网将一切连接在一起，购物可以发生在任何地方：电商平台、线下店、社区中心等。未来的零售场景是无处不在、无所不连的。京东的百万便利店计划、智能冰箱等的推出，都是对未来无限场景的探索。

"场景无限"还意味着消除时间的边界，未来的零售场景是无时不有、无缝切换的。"零售＋内容""零售＋AR/VR""零售＋娱乐""零售＋智能消费电子"……零售嵌入日常生活的方方面面。京东推出"京×计划"，与腾讯、百度、今日头条、爱奇艺、360 等达成合作，使消费者在社交娱乐、信息检索的过程中即可完成购物。

"货物无边"意味着未来的商品将不拘泥于固有的形态，商品、内容、数据、服务等彼此渗透——商品即内容，内容即数据，数据即服务。

未来的商品会走向"商品＋服务＋数据＋内容"的组合，越来越多的商品会被赋予多元的含义。例如，叮咚智能音箱既是有形的商品，又连接着丰富的音乐、广播等内容，语音交互记录能够沉淀下来成为数据，同时还承载着选购、下单和后续一系列服务的功能。

　　"人企无间"的含义是：人与企业之间的关系被重新定义，形成彼此信任的关系，生产与消费之间不再泾渭分明，没有利益区隔。

　　借助新的平台和工具，未来消费者能够全方位参与生产端的各项活动——从前期的调研、设计、生产到后期的营销、传播、服务等。例如，消费者通过被动的个人数据授权，其行为偏好可以传递到企业端，企业可以根据其行为偏好生产更符合消费者需求的产品；通过主动的评论、建议和互动，消费者可以参与到企业的设计和研发进程中。在这当中，零售企业扮演着重要的"连接者"角色。

　　不论是阿里巴巴的"新零售"，还是京东的"无界零售"，都表明同一个趋势，零售已经不分线上和线下，只有用互联网技术连通线上和线下，借助大数据、人工智能等技术手段，对商品的生产、流通、销售过程进行升级改造，建立各种新业态，才能满足新消费时代的市场需求。

本章小结

　　本章主要介绍了互联网与工业、农业、零售业几大传统行业的融合发展，揭示了"互联网 +"战略为传统行业带来的机遇与挑战。通过本章的学习，读者能够站在技术发展的前沿，从新技术的视角审视分析传统行业的发展现状，全面深入地了解传统行业如何基于新技术进行变革与创新，培养创新意识和创新能力。

本章思考题

1．谈谈你对工业互联网的理解。

2．德国"工业 4.0"和美国"工业互联网"的主要区别是什么？

3．如何更好地实现农产品上行？

4．什么是智慧农业？主要应用在哪些领域？

5．新零售的核心驱动力是什么？

第3章
"互联网 + 企业"

管理的历史性决定了组织的管理活动必须与时俱进。互联网与信息技术的发展不断推动着企业从管理技术与工具到更深层次的营销理念、商业思维、组织设计与战略管理的变革。"互联网 +"战略既对企业管理变革、营销模式创新提出了新的挑战，同时也提供了新的机遇和思路。

本章主要探讨"互联网 +"下企业的战略变革与组织变革，互联网对企业营销策略的影响，以及企业的新媒体营销实践。

本章学习目标

1. 知识目标

（1）了解"互联网 +"对企业战略变革的挑战及企业面临的战略选择。

（2）了解"互联网 +"对组织变革的挑战及"互联网 +"下的企业组织形式。

（3）了解互联网对企业营销战略和营销策略的影响。

（4）了解搜索引擎营销、社群营销、微信营销、网络视频营销、直播营销和 App 营销等新媒体营销的发展。

2. 能力目标

（1）具有战略管理思维和组织变革的基础知识。

（2）了解互联网对企业营销战略和营销策略的影响深度和广度。

（3）了解企业应用新媒体营销的效用。

3. 素质目标

（1）培养全局思维和创新思维。

（2）关注企业发展的内外部环境的变化，提升企业发展的能力。

（3）全面了解和利用新媒体营销手段，培养创新意识和创新能力。

引导案例：蒙牛将"跨界"玩成转型路径

蒙牛的"互联网+"转型走的是跨界的路线。在产品质量及技术方面，蒙牛直接引进国际合作伙伴，整合了全球先进的技术、研发和管理经验，始终与国际接轨，保证产品品质，其产品的升级是企业转型升级的一部分。

在保证产品质量的同时，蒙牛在跨界营销以及产品形式上做了大量尝试。2014年，蒙牛与百度合作推出精选牧场奶可视化追溯系统，将牧场放到了"云端"。同年11月，蒙牛跨界与滴滴合作，尝试了从战略到渠道方面资源最大化的无缝对接，蒙牛以"牛运红包"冠名滴滴红包，消费者可以通过微博、微信以及滴滴打车App等参与活动，带动身边的朋友一起抢"牛运红包"。春节期间实现了每天1.1亿次朋友圈曝光量，累计发放5.1亿个红包，线下引发331万次扫码关注。

2015年5月6日，蒙牛与自行车品牌捷安特签订了品牌、渠道、资源等多方面的战略合作协议，并应用M-PLUS牛奶的适配硬件产品——智能体质仪，让用户获悉身体状况，通过云端推送量身定制的私教计划和蛋白质补给提醒。2015年6月24日，在荷兰阿姆斯特丹第九届全球乳制品代表大会上，蒙牛的精选牧场纯牛奶，凭借云技术和二维码追溯系统、让消费者实时观看云端牧场等创新沟通模式，赢得世界乳业创新大奖——"最佳创新商业品牌"。除此之外，蒙牛与艺人合作推出定制产品，将极致单品的互联网思维应用在产品上。同时，蒙牛还与上海迪士尼度假区等签订了战略合作协议，进行跨界战略方面的重点布局。

蒙牛不断地跨界合作与尝试，使得蒙牛的互联网思维越发成熟，战略合作深入品牌、渠道、资源甚至供应等方面。传统企业在与互联网企业的合作中，会有很多不适应互联网的模式被过滤掉，最后双方磨合出能够保证顺利合作的模式。对传统企业而言这就是最好的模式，这个模式也是传统企业转型升级的最终模式。

思考题：

你认为蒙牛除了在跨界营销方面，还应该在哪些方面更好地利用"互联网+"？

3.1 "互联网 +"与企业战略变革

3.1.1 战略管理概要

关于战略,理论界与学术界并没有统一的定义,对战略内涵的认识也不尽相同,但对于战略的一些特征基本认同,如战略具有总体性、长期性、指导性、稳定性和创新性等特征。因此,本书编者认为战略是为了达到组织总目标而采取的行动和利用资源的总计划,其目的是通过一系列的主要目标和政策去决定和传达组织的愿景。

战略管理则是对企业战略的制定、实施、控制和修正进行的管理。战略管理的本质在于实现组织自身的资源、能力与组织外部环境的互动与协调,以实现组织的总目标。随着环境的变化,组织战略需要不断调整,同样,组织战略的实施在一定程度上也对环境产生了一定的影响。

战略管理思想的演进在理论上经历了从内外匹配到外部导向,再到内部导向,然后到共同演化的过程,如表 3-1 所示。

表 3-1　战略管理理论流派演进脉络

内外匹配	外部导向	内部导向	共同演化
➢ 钱德勒《战略与结构》:环境—战略—结构 ➢ 安索夫《公司战略》:共同的主线 ➢ 安德鲁斯《公司战略概念》:SWOT 分析工具 ➢ 缺点:忽视对企业内部资源与能力的分析,尽管以主动姿态适应环境,但只是寻求结构化的产品市场份额	➢ 波特《竞争战略》:五力竞争模型 ➢ 强调外部产业结构在企业战略定位中的重要作用,忽视企业内部条件的运用,因而无法根据产业结构分析透视企业间的差异 ➢ 波特《竞争优势》:价值链分析工具 ➢ 五力竞争模型配合价值链理论,体现了企业战略定位匹配思想	➢ 资源学派:持久竞争优势 ➢ 彭罗斯《企业成长理论》:企业内部资源与能力是获得经济效益与成长的关键基础 ➢ 沃纳菲尔特用资源禀赋和要素市场定位来解释企业间的异质性和持久竞争优势 ➢ 能力学派:核心竞争力(普拉哈拉德、哈默尔) ➢ 先识别资源和培养能力,再思考如何利用能力	➢ 将组织、组织人口及其环境作为独立的结果变量,而将管理行动、制度影响和突发的制度变革(技术、社会与其他环境现象)作为前因变量,基于组织生态学着重探讨组织与环境的共同演化,突破了传统定位思想的静态性 ➢ 研究视角包括:持续性视角、一致性视角、惯性视角和适应性视角

战略管理思想的演进在理念上经历了从理性战略向渐进战略思想的转变过程。

先来看几条美国商业史上的著名断言。

"我认为世界市场只需要 5 台计算机。"

"可以确信,5 000 台施乐公司的复印机将使整个美国市场达到饱和。"

"看不出人们有任何理由会把计算机买回家。"

你能想象这三条可笑的断言都是由商业精英提出来的吗？再来看比尔·盖茨说过的一句话："在未来的 10 年中，企业的变化会超过它在过去 50 年中的总变化。"尽管对"奇点理论"与"摩尔定律"是否依然有效存在很大的争议，但无可争议的是外界环境变化越来越迅速，不确定性增加，尤其是 20 世纪 90 年代之后技术发展和市场需求的变化幅度日益增大，相互之间的影响也日益复杂。外界环境变得越来越复杂，产业之间的关联性与潜在的关联性日益增多，企业所面临的经营环境在空间上也日益拓展。

环境的快速变化导致理性预期的失效，因此战略管理的理念逐步从理性转向渐进，强调战略的适应性，竞争理念也由追求产品、服务和技术的完美转向追求对市场环境和技术发展的反应速度。

3.1.2 "互联网＋"对商业思维的挑战

阿里研究院认为"互联网＋"是以互联网为主的信息技术在经济和社会生活各个部门的扩散和应用的过程。腾讯研究院则认为"互联网＋"是利用互联网平台，利用信息通信技术，将互联网与包括传统行业在内的各个行业连接起来，在新的领域创造新的业态。可以看出，两者都强调了以互联网为主的信息技术对传统行业的改造。具体来讲，"互联网＋"是在（移动）互联网、大数据、云计算、物联网等技术不断发展的背景下，帮助企业所在的产业或者业务模块实现向互联网的跨界与融合。企业利用现代网络技术，实现战略的调整与组织结构的完善，更好地整合内外部资源，提高绩效，创造价值，实现产业调整与升级。

它的三个维度可以归纳为网络、跨界、融合。网络不仅指以互联网为主的信息网络，还指企业组织和价值链的网络化；跨界与融合指的是由技术创新和技术关联性引发的产业边界的模糊与消融，如共享单车、共享汽车、互联网汽车、智能家电、无人超市、无人餐厅、无人驾驶汽车等。

在"互联网＋"上升为国家战略的大背景之下，它不再是简单的新技术的应用，而是一种全新的发展范式。

"互联网＋"对企业战略变革的挑战首先体现在对传统商业思维的挑战，主要表现在以下方面。

（1）产品的导向从以企业为主转向以用户为主（用户思维）。所谓用户思维，是指在价值链各个环节中都要"以用户为中心"去考虑问题。企业必须建立起"以用户为中心"的企业文化，只有深度理解用户、注重用户体验才能生存下去。

（2）从满足大多数用户转向服务目标用户。借助互联网与大数据技术，企业可以更精准地识别和服务目标消费者，从大众营销转向个性化、定制化营销。

（3）从完整生命周期思维到迭代思维。迭代即"敏捷开发"，是一种以人为核心、迭代、循序渐进的开发方法，允许有不足，不断试错，在持续迭代中完善产品。产品迭代有两个关键点，一个是"微"，另一个是"快"。"微"，是指要从细微的用户需求入手，贴近用户心理，在用户参与和反馈中逐步改进。"快"，是指只有快速地对消费者需求做出反应，产品才更容易贴近消费者，更容易抢占市场。

（4）从精英决策转向有数据支撑的科学决策（大数据思维）。用户在网络上一般会产生信息、行为、关系三个层面的数据，这些数据的沉淀有助于企业进行预测和决策。企业必须构建自己的大数据平台，小企业也要有大数据。

（5）只有精品才能胜出（极致思维）。要把产品、服务和用户体验做到极致，超越用户预期。需求要抓得准，管理要盯得紧。在社会化媒体时代，好产品自然会形成口碑传播。

（6）组织与运营模式向平台型转变（平台思维）。平台思维就是开放、共享、共赢的思维，平台模式的精髓在于打造一个多主体、共赢互利的生态圈。互联网巨头的组织变革，都是围绕着打造内部"平台型组织"。阿里巴巴 25 个事业部的分拆、腾讯 6 大事业群的调整，都旨在发挥内部组织的平台化作用。海尔将 8 万多人分为 2 000 个自主经营体，让员工成为真正的"创业者"，让每个人成为自己的 CEO。

3.1.3 "互联网＋"下的企业战略变革选择

"互联网＋"为企业的战略变革提出了新的课题，企业必须在审视自身资源与能力以及外部环境的基础上做出战略上的选择。

1．选择领先战略还是追随战略

网络经济下，选择领先战略还是追随战略是很多企业不可回避的问题。通常来说，企业选择领先战略可以获得一些潜在的先发优势，比如抢占有利的市场地位，控制稀缺资源和销售渠道，获得高溢价和高回报等；同时，企业选择领先战略也意味着承担市场培育和开拓成本，以及面临技术和市场的不确定性和不连续性变动导致的沉没成本等风险。

2．选择开放战略还是控制战略

开放战略和控制战略各有所长，控制战略如苹果的 macOS 和微软的 Windows，开放战略如安卓和 Linux，开放战略和控制战略并不是绝对的，事实上，Windows 就是在控制战略中选择部分兼容。权衡开放战略与控制战略的准则是价值的最大化。

3．选择竞争战略还是合作战略

随着竞争环境的加速变动和日益复杂，在技术和产业跨界与融合的过程中，竞争者、潜在竞争者之间越来越多地选择建立战略联盟，在竞争中合作。战略联盟可以对战略资产进行合理的配置，还可以在技术研发和标准竞争中共担成本与风险，共享利益。例如，IBM 与思科的战略联盟、腾讯与京东的战略联盟等。

4．快速获取市场临界容量

网络经济中，由于网络效应的存在，企业面临着如何在尽可能短的时间内以尽可能低的成本建立起市场临界容量，也就是足够大的安装基础的问题，这需要良好的市场策略和技术能力作为支撑。例如，微软最初采取的市场策略是默认盗版的存在，以部分利润损失来换取市场份额，以此成为事实上的主导者。

另外，企业还会面临诸如选择封闭还是跨界、追求完美还是快速迭代、如何对市场和技术变化快速响应、如何进行危机管理等战略问题。

 知识扩展

互联网思维

提出互联网思维的是百度公司创始人李某某。在百度的一个大型活动上，李某某与传统产业的企业家探讨发展问题时，李某某提到"互联网思维"这个词。"互联网思维"这个词有多个不同的解释，比较有代表性的是所谓的互联网九大思维。

（1）用户思维。用户思维是互联网思维的核心，没有用户思维，也就没有其他思维。用户思维是指在价值链各个环节中都要"以用户为中心"去考虑问题。为什么在今天，用户思维显得格外重要呢？这是因为互联网消除了信息不对称，工业时代形成的以厂商为主导转变为互联网时代的以消费者为主导。

（2）简约思维。专注，少即多；简约即美；产品设计做减法；外观要简洁；操作流程要简约。

（3）极致思维。用极致思维打造极致产品。需求要抓得准，自己要逼得狠，管理要盯得紧。

（4）迭代思维。从小处着眼，微创新。从用户出发，从细节入手，贴近用户心理，在用户参与和反馈中逐步改进。一个不起眼的点，用户可能觉得很重要。一个微创新改变不了世界，需要持续微创新。

（5）流量思维。量变产生质变，坚持到"临界点"。任何一个互联网产品，只要用户活跃数量达到一定界限，就会开始产生质变，这种质变往往会给该企业或者产品带来新的商机或者价值。

（6）社会化思维。社会化媒体是营销战场，应利用社会化媒体进行口碑营销。

（7）大数据思维。用户产生的数据包括信息、行为和关系，数据资产成为关键竞争力。数据资产的价值体现在：首先，海量用户和良好的数据资产将成为未来的核心竞争力；其次，大数据分析的核心目的就是"预测"，预测股价、预测机票价格等；最后，一切皆可被数据化，企业必须构建自己的大数据平台。小企业也要有大数据。

（8）平台思维。平台模式的精髓在于打造一个多主体、共赢互利的生态圈。生态圈的构建一定是各方参与共同完成的，不可能凭企业一家之力。平台有投入期，在投入期可能不赚钱，到达一个阈值后，突然质变，快速成长。平台的参与者越多，平台价值越大。

（9）跨界思维。互联网和新科技的发展，纯物理经济与纯虚拟经济开始融合，很多产业的边界变得模糊。应用互联网思维，大胆创新。

3.1.4 "互联网＋"下的企业战略变革

"互联网＋"时代，传统战略管理理论的基础和假设条件发生了根本性的变化，战略变革势在必行。传统企业实施战略变革具体从以下几个方面开展。

1. 构建互联网思维

这是开展企业战略变革的前提。首先构建"开放"思维。"开放"是互联网思维的重要体现，能够帮助企业进行资源整合，重构价值链，建立企业联盟，形成企业生态圈。

2. 结合自身优势构建多变环境下的企业总体战略

"互联网＋"时代，经营环境的变化越来越快，战略需要不断优化。企业总体战略决定了其他各项战略的方向，企业总体战略变革具有系统性，要求企业重新设计价值体系，重构发展战略。企业需要在充分认知自身的基础上，借助互联网信息技术充分发挥自身优势，与环境协同演进，重新定位企业战略，科学评估转型升级的途径，利用互联网将企业的产品、服务、供应商、消费者等相关者联系起来，打造全新的商业生态模式。为支持企业总体战略的实施，企业还需要从基础层面开展建设，如构建大数据平台，打破传统金字塔式的组织结构，缩减管理层次，搭建扁平化的组织框架等。

3．基于大数据分析的产品战略

企业需要随时掌握市场趋势的变化，把握消费者偏好的变化，通过大数据平台获取需求信息，分析消费者群体的属性，以互联网思维为消费者提供极致化、定制化的产品和服务，建立以消费者需求为导向的产品体系。

4．全渠道客户营销战略

客户导向是互联网思维的核心，是开展互联网营销的关键。企业应从客户的角度出发，以客户为中心，将产品与客户需求对接。这需要重构业务流程，建立包括社交媒体、网站、电子邮件等在内的企业数字化营销渠道，与原有营销体系进行整合，实现客户连接营销。

5．互联网人才发展战略

具备经营管理能力和熟悉互联网环境的综合人才对当下传统企业开展战略变革意义重大。因此，企业要明确"互联网+"下战略变革对人才的需求，加快互联网人才的引进与培养。

3.2 "互联网+"与组织变革

3.2.1 组织与组织设计概要

1．组织与组织结构的定义

管理是对人们从事业务活动的计划、组织、协调和控制，组织是管理过程中不可或缺的手段，组织目标明确后，管理者就必须设计合理的组织结构，整合这个结构中不同员工在不同时空的工作并使之转换成对组织有用的贡献。

企业的组织结构，是为了实现既定的经营目标和战略目标而确立的一种内部权力、责任、控制和协调关系的形式。它定义了组织的边界、环境以及与其他组织之间的界面，使组织成员获得流程中的不同角色，并使得组织成员通过规则、程序和文化等整合机制进行合作。

2．组织设计的内容及原则

组织设计就是对组织的结构和活动进行创构、变革和再设计，主要涉及两个方面的工作：在职务设计的基础上进行横向的管理部门设计和纵向的管理层级设计。影响组织结构设计的因素很多，如环境、战略、技术、人员、共同的价值观、经营规模等。其中，环境、战略、技术是相当重要的因素。

组织设计应遵循的原则有统一协调原则、精简原则、因事设职与因职用人结合原则、权责一致原则、管理幅度原则。经典的组织结构形式主要有直线型、职能型、直线职能型、事业部型和矩阵型。

3.2.2 "互联网＋"下的企业组织变革

任何一个组织，无论过去如何成功，都必须随着环境的变化而不断地调整战略及与战略匹配的组织结构。组织变革就是组织根据内外部环境的变化，及时明确组织活动的内容和重点，对组织中的岗位、机构以及结构进行调整，以适应组织发展的需求。组织变革的根本目的是提高组织的效能。

"互联网＋"下企业的整体外部环境不同于传统相对稳定的环境，其主要有三个特点：一是经济的全球化与网络化；二是技术创新与环境变革的速度日益加快；三是技术和产品市场的跨界导致产业边界的融合与重构。日益复杂多变的外部环境对企业的组织变革提出了新的要求。

1. "互联网＋"对组织变革的影响

在组织结构上，信息技术大大减少了管理层次，组织中管理者的管理范围也在不同程度上被扩展，组织结构也越来越类似于网络结构而非传统的层级制结构。相应地，组织内部人员之间的交流与沟通路径大大缩短，能更好地适应外界环境的动态变化。

在管理控制上，信息技术使得一些新的管理控制形式得以实现，管理者可以借助信息技术来更好地获取、分析和处理有关信息，进而对组织进行更为有效的控制。

在业务流程上，信息技术越来越多地被运用到流程重组当中，企业的组织边界逐渐被拓展甚至部分消失，从传统的局限于企业内部拓展到与外部利益相关者进行业务流程的对接与整合。

2. "互联网＋"对组织行为的新要求

（1）网络经济下员工的工作更多的是充满创造性和灵活性的工作，而非重复性的行政工作。组织要通过关心和鼓励的方式去激发员工的创造性和积极性。

（2）"互联网＋"下的工作更多的是团队工作和项目工作，而不是工业经济的个人工作和职能性工作。

（3）"互联网＋"下的员工需要重视技能和与同伴协调的能力，不同于工业经济中员工要重视单一技能和与上级协调的能力。

（4）"互联网+"下，顾客的意愿对组织有更强的影响力。

（5）"互联网+"下的组织结构要求从科层式的金字塔结构向扁平化的网络结构转化。

3. "互联网+"下的组织结构特征

"互联网+"下的组织应该是一种柔性组织，柔性组织具有以下几个特征。

（1）组织结构分立化。分立化是指将大公司尽可能分散成若干小的相对独立的公司或部门，使决策权尽可能分散，将权力下放到基层，使基层组织充满活力，以适应外部环境的快速多变。

（2）组织结构简单化。组织结构简单化的一个重要标志就是尽量减少组织结构的中间层次，加快信息传递速度，减少信息失真，提高决策与执行效率。

（3）组织结构弹性化。"互联网+"下的竞争环境复杂多变，企业要不断调整策略以适应竞争的需要，这必然会引起组织结构的相应变革和调整。因此，组织结构弹性化成为必然，动态灵活的弹性结构必然成为企业组织结构创新的一种趋势。

（4）组织结构网络化。企业组织和市场组织的网络化符合个性化消费者的市场生态环境，组织内部、组织之间的高效交流与合作形成功能分散但更灵活的网络化组织。网络化组织具有强有力的团队文化和共享的价值观念，具有扁平化、无边界和学习型组织等特点。

（5）组织结构虚拟化。这一点在下面的虚拟企业中再详细阐述。

3.2.3 "互联网+"下的企业组织形式

1. 项目小组

所谓项目小组，就是企业为了完成某一特定任务或管理目标而组成的一个临时团队。为了保证完成任务，每个项目小组都设有专门的负责人，负责人在组织的最高主管直接领导下开展工作。

这种组织结构打破了传统的一个员工只有一个上司的统一命令原则，使一个员工属于两个甚至两个以上的部门。实施项目小组的意义在于：加强了部门之间的横向联系，突破了部门之间的界限，有较强的机动性和适应性；有利于不同部门员工之间交流与相互学习；专业人员和专用设备能够得到充分利用。

当然，实施项目小组应该注意一些问题，如对项目经理全面授权，避免职能经理干涉；项目经理要有较高的专业素质和很强的团队协调精神；项目小组要独立核算；等等。

2．战略联盟

战略联盟指的是两个或两个以上的企业为了达到共同拥有市场、共同使用资源和增强彼此之间的竞争优势等战略目的，通过签订协议或联合组织等方式而结成的一种优势互补、风险共担的网络联合体。

战略联盟的意义在于：有利于扩大市场占有率，有利于提升企业的核心竞争力，有利于降低企业的经营风险。

实施战略联盟应该注意选择合适的战略联盟对象，选择正确的联盟组织形式。企业要通过战略联盟不断提升自己的实力。

3．虚拟企业

虚拟企业是由多个企业基于市场机遇而结成的一种动态性联盟。它的实质在于突破企业的边界，在全球范围内对企业内部资源和外部资源进行动态配置、优化组合，达到降低成本、提升竞争力的目的。

（1）虚拟企业的出现主要有以下两个原因：第一，市场快速变化，迫使企业必须更快地对外界变化做出反应；第二，企业之间建立网络关系，可以在很大程度上克服资源及能力的稀缺性，实现组织间资源与能力的互补。

（2）虚拟企业的典型特征包括：首先，它是为了提升组织对市场机会的响应能力而出现的，因此具有很强的动态性特征；其次，虚拟企业的组织边界已经变得相当模糊；再次，虚拟企业的维系建立在各个独立业务单元之间的信任（信用）关系上；最后，信息技术为虚拟企业的形成和运作提供了技术工具和技术平台。

（3）虚拟企业的优势主要体现如下：

① 虚拟企业具有敏捷性，能快速适应来自市场和客户的要求；

② 虚拟企业能够有效地配置资源，避免重复建设；

③ 虚拟企业生产弹性极高，具有很强的灵活性；

④ 虚拟企业有利于赢得竞争优势。

基于虚拟企业在快速变动环境中的优势，很多传统企业也进行了企业虚拟化的改革，即在保留组织核心部门（如研发、营销等部门）和核心业务功能的情况下，将一些非核心部门（如生产、后勤等部门）外包出去，以降低企业的内部交易成本，提升组织效率和反应能力。

4．网络化组织

网络化组织是基于日新月异的信息技术，为了应对更为激烈的市场竞争而发展起来的以一种项目为中心，有效发挥各组织核心专长的协作型临时性组织。项目管理小组基于市场机遇，通过与制造厂商、研发机构、广告代理商及销售代理商合作，通过契约的方式建立起一个"业务合同网"，如图 3-1 所示，它以市场的组合方式代替传统的纵向层级组织，实现了组织内在核心优势与市场外部资源优势的动态有机结合，进而更敏捷且快速应变能力更强，这种组织结构可视为组织结构扁平化趋势的一个极端例子。

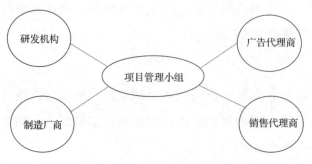

图 3-1　网络化组织结构

从以上描述可以看出，网络化组织和虚拟企业在本质上是相同的，其优点是：组织结构具有更强的灵活性和柔性，通过以项目为中心的合作可以更好地结合市场需求来整合各项资源，而且容易操作，网络中的各个价值链部分也随时可以根据市场需求的变动情况调整或撤并；另外，这种组织结构精简，由于组织的大多数活动都被外包出去了，而这些活动更多地靠电子商务来协调处理，组织结构进一步扁平化，效率也更高了。

网络化组织与虚拟企业的缺点是可控性太差。这种组织的有效性是通过与独立的供应商广泛而密切的合作来实现的，由于存在着道德风险和逆向选择，一旦组织所依存的外部资源出现问题，如质量和交货问题等，组织就将陷入非常被动的境地。另外，外部合作组织都是临时的，如网络中的某一个合作单位因故退出且不可替代，组织将面临解体的风险。再者，由于项目是临时的，员工的凝聚力和组织忠诚度也比较低。

3.3 "互联网＋"与网络营销

微课扫一扫

3.3.1 网络营销概述

1. 网络营销的定义

进入 21 世纪，互联网自身具有的开放性、共享性、协作性和低廉性使其受到各行业的青睐。企业网络化、信息化发展进程的加速，使企业借助于网络技术和信息技术形成了新的营销形式——网络营销。

网络营销是企业整体营销战略的重要组成部分，是为实现企业整体经营目标所进行的以互联网为基础手段营造网上经营环境的各种商业活动。

网络营销就是以互联网为主要平台进行的，为达到一定营销目的的全面营销活动。该过程由市场调查、客户分析、产品开发、销售策略、售后服务、反馈信息等环节组成。

网络营销是随着互联网进入商业应用而产生的。尤其是万维网、电子邮件、搜索引擎、社交软件和新媒体等得到广泛应用后，网络营销的价值变得越来越明显。网络营销可以利用的手段众多，如搜索引擎营销、微信营销、微博营销、网络视频营销等。

网络营销作为企业在互联网上进行的营销活动，它的基本目的与其他营销形式是一致的，但是随着信息技术的不断发展，网络营销的内涵和手段在不断演变。不同的人对网络营销的理解存在细微差异，为了领会网络营销的精髓，我们需要进一步了解网络营销在网上市场调查、网络消费者行为分析、网络营销策略的制定、网络营销管理与控制 4 个方面的内涵。

（1）网上市场调查。网上市场调查是指企业利用互联网的交互式信息沟通渠道完成市场调查活动的行为。常用的网上市场调查方法包括在网络上发布调查问卷和通过网络收集调查所需的各种间接资料。网上市场调查的重点是利用网络调查工具提升调查的效率和效果，同时利用有效的工具和手段收集、整理资料。网络拥有海量的信息且结构复杂，信息的质量参差不齐，企业在收集所需的资料时，需要重视信息的甄别和筛选工作。

（2）网络消费者行为分析。网络消费者群体与传统市场的消费者群体在性别构成、学历构成、年龄构成、地域构成等诸多方面存在不同。网络消费者群体是一个较为独特的群体。在开展网络营销之前，了解网络消费者群体的需求特点、偏好、购买动机和购买行为模式等信息是非常重要的一个环节。互联网的发展为志同道合的消费者群体提供了一个聚集在一起分享和交流的平台，逐步形成了众多各有特色的网络虚拟社区。网络消费者行为分析的关键是要分析虚拟社区的特征和整体偏好，同时还要重点研究社区中具有影响力的核心人物的特征和消费偏好。

（3）网络营销策略的制定。不同类型、不同规模和处于不同发展阶段的企业在市场中的影响力存在非常大的差异。企业需要结合自身的实际情况制定合适的营销策略，以实现营销目标。营销策略的实施需要企业各部门的有效配合，同时需要投入资金，在制定策略的时候还需要综合考虑企业所处的内外部环境，识别各种影响因素。网络营销策略包括网络营销产品（服务）策略、网络营销定价策略、网络营销渠道策略和网络促销策略。

（4）网络营销管理与控制。网络营销是在开放的互联网平台上开展的营销活动，需要对网络营销的目标、成本、效益、风险进行管理，运用合适的方法及指标对营销活动进行分析评价，及时对营销活动进行调整以达到最终的目标。

2．网络营销的优势

网络营销是企业整体营销战略的一个组成部分，是建立在互联网基础之上，借助互联网来实现一定营销目标的一种营销手段。因此，互联网所具备的独特优势，网络营销也都具备。与传统营销相比，网络营销的优势主要表现在以下 6 个方面。

（1）网络营销有利于企业降低成本。对企业来说，网络营销最具诱惑力的优点之一是可以降低企业的交易成本。这可以从以下 3 个方面来实现。①降低采购成本。企业采购原材料是一个烦琐、复杂的过程。运用网络，企业可以加强与主要供应商之间的协作关系，将原材料的采购与产品的制造过程有机结合，形成一体化的信息传递和信息处理体系，简化采购程序。②降低促销成本。与其他销售渠道相比，网络营销的促销成本降低了不少。首先，产品特征、企业简介等信息存储在网络中，可供客户随时查询；所有的营销材料都直接在线上更新，从而节省了打印、包装、存储和交通等费用。其次，网络营销可以节省广告宣传费用。与传统广告相比，无论是在宣传范围的广度方面还是内容的深度方面，网络广告都具有明显的优势，且各类网络营销工具的费用较低。③降低售后服务成本。网络营销在提高售后服务效率的同时，大大降低了运作成本。传统的售后服务主要通过电话、书信等与客户沟通，不但需要大量的人力，还常常会造成延误。而在网络营销中，企业与客户之间可通过各类通信软件即时交流，从而快速解决问题。另外，企业可在网页上提供诸如"产品注意事项""问题解答""使用程序"等资料，方便客户随时查询，以极大地降低售后服务成本，并提高售后服务质量。

（2）网络营销的互动性更强。网络是一个互动信息传输通道。网络营销突破了传统营销方式的单向性，互动性极强。不管是大型企业，还是中小微企业，都可以通过网络平台、电子邮件等，以极低的成本在营销过程中即时收集客户信息。也正是基于这种极强的互动性，在企业进行网络营销的同时，客户也可通过互联网对企业、对产品进行关注与讨论，并有机会对产品的设计、包装、定价和服务等发表意见。这种双向互动的沟通方式，增强了客户的参与性和积极性。不仅如此，这种沟通方式还能增强企业营销策略的针对性，有助于实现企业的营销目标。

（3）网络营销的宣传范围更广。互联网是一个全球范围的网络平台，不局限于某一地区或某一国家。企业可利用互联网将其产品和服务宣传推广至全世界，使企业品牌传播突破空间的限制。在传统的市场营销中，企业品牌大多以一个区域为主要宣传点，这样就造成了品牌推广的局限性；而网络营销则可以有效地解决品牌推广地区局限性这一难题。

（4）网络营销的持续时间更长。网络营销可以让企业举行 24 小时不间断的"品牌秀"。通过网络营销，企业将产品发布到互联网上，可以让产品的瞬间展示变为持续性展示。不同于报纸、杂志及电视、广播的简短推广方式，网络营销可以让企业品牌长时间地在互联网上停留，从而避免客户因一时不察而忽略了企业品牌。这种不间断的营销方式，使客户在任何时间都有机会参与到企业的营销中。

（5）网络营销的传播速度更快。网络营销高效的传播速度是毋庸置疑的，这得益于网络中社交群体、朋友圈之间信息的高效传输。网络营销真正达到了"一传十、十传百、百传千"的效果，好的产品和品牌在网络营销中能够快速形成口碑传播。

（6）网络营销能够更加有效地服务客户。任何企业要想取得竞争优势，就必须充分考虑客户的需要，正所谓"得客户心者方能得天下"。网络营销正是实现这一目标的最佳方式。网络营销是一种以客户为导向，强调个性化营销的营销方式。网络营销比起传统营销，更能体现客户的中心地位，客户将拥有更大的选择自由。他们可根据自己的个性特点和需求，在全球范围内不受限制地寻找满意的商品。例如，一家销售户外活动商品的企业，在网络上提供定制旅行袋的业务，允许客户自行设计或修改旅行袋的样式、颜色、尺寸、装饰品等，还可以绣上自己的姓名或其他标志。

3.3.2　网络营销的理论基础

利用互联网资源开展的营销活动在 20 世纪 90 年代中后期迅速发展壮大，并以前所未有的力量冲击着人们传统的营销观念和消费理念，基于网络信息技术发展、消费者价值观改变和激烈的商业竞争的变化，通过对网络特性和新型消费者的需求和购买行为的重新考虑，形成了具有网络特色的营销理论。当前的网络营销理论基础还不是很成熟，往往更强调网络营销实践的可操作性和创新性，但是网络营销理论对网络营销实践具有一定的指导作用。

1. 网络消费者行为理论

消费者行为理论研究的是个人或组织如何选择、购买、使用和处置商品和服务以满足他们的需要和愿望，分析不同消费者的消费心理、消费行为及影响消费心理和消费行为的各种因素，揭示消费行为的变化规律。

网络消费者行为理论研究的核心问题是网络消费者如何做出购买决策。通常，将网络消费者的购买动机和购买行为概括为5W1H和6O，即市场需要什么（What）——有关产品（Objects），为何购买（Why）——购买目的（Objectives），谁来购买（Who）——购买组织（Organizations）是谁，何时购买（When）——购买时机（Occasions），何处购买（Where）——购买场合（Outlets），如何购买（How）——购买组织的作业流程（Operations）。

2. 网络直复营销理论

直复营销是指依靠产品目录、印刷邮件、电话或附有直接反馈的广告及其他相互交流形式的媒体进行的大范围营销活动。美国直复营销协会将直复营销定义为：直复营销是一种为了在任何地方产生可度量的反应和达成交易，而使用的一种或多种广告媒体的相互作用的市场营销体系。直复营销中的"直"是指不通过中间分销渠道而直接通过媒体连接消费者；"复"是指企业和消费者的信息交互，包括企业和消费者的信息交互、产品信息及交易和支付信息的交互等。

网络直复营销是指生产企业通过网络分销渠道直接销售产品。直复营销和网络的结合，演变成了一种全新的、颠覆性的营销模式。网络直复营销活动中，企业和消费者之间所有的交互数据通过网络技术和数据库技术，都可以进行保存、分析，进而成为决策依据。网络直复营销不仅让消费者与企业实时进行双向交流，而且让企业可以实时精确掌握各种营销数据，这极大地降低了企业的经营成本。对于广大的中小微企业而言，网络直复营销是以小博大的一种有力工具。

3. 关系营销理论

关系营销是把营销活动看成一个企业与消费者、供应商、分销商、竞争者、政府机构及其他公众产生互动的过程，其核心是建立和发展与这些公众的长期、稳定的良好关系，通过为消费者提供高度满意的产品，提供有效的服务来加强与消费者的联系，保持与消费者的长期关系，培育忠诚消费者，并在与消费者保持长期关系的基础上开展营销活动，实现企业的营销目标。关系营销具有双向沟通、合作、双赢、亲密、承诺、控制等特点。

案例

小米的 4R 营销理论应用

4R 营销理论主张企业应该抛弃传统的让用户被动接受的关系交互方式，而注重让用户主动参与到企业的生产过程中来，让企业从经营产品、经营营销转变为经营与用户的关系。企业在寻求商业报酬时，也会充分考虑与用户的关系，更倾向于追求合理的利润而不是牟取暴利。

小米公司是关系营销的高手。在小米 MIX 手机开箱后，有一段致用户的话可以作为小米关系营销的核心理念：在探索的路上，不断投入，不断努力，不断突破，哪怕是只好百分之一，我们也愿意多投入百分之百和用户交朋友，做用户心中最酷的公司。这段话就是小米给用户承诺，会给用户更好的产品和厚道的价格。

小米创始人雷某有一句话是对关系营销最好的解释：优秀的公司赚取利润，伟大的公司赢得人心。小米是一家聚焦与用户构建长期关系的公司，其创始人雷某提出做价格厚道、感动人心的产品。

在营销环节中，小米将"参与感"作为营销的核心，打通组织边界，让小米用户参与产品设计、提出产品优化建议，为用户举办特别节日活动等，这些方式都进一步拉近了小米与用户的距离。也正是因为小米与用户的长期关系，小米才有了越来越广泛的用户基础，为其他业务拓展奠定了基础。

4. 网络整合营销理论

网络整合营销是一种对各种营销工具和手段的系统化结合，根据网络营销环境进行即时性的动态修正，以使交易双方在交互中实现价值增值的营销理论与营销方法。网络整合营销就是为了建立、维护和传播品牌，加强客户关系，而对品牌进行计划、实施和监督的一系列营销工作，其以市场为调节方式、以价值为联系方式、以互动为行为方式，是现代企业面对动态复杂环境的有效选择，并强调将营销中的各要素组合，使各种作用力统一方向，形成合力，产生协同效应，共同为企业的营销目标服务。

5. 网络软营销理论

网络软营销是指在互联网环境下，企业向消费者传送的信息及采用的促销手段更理性化，更易于被消费者接受，进而实现信息共享与营销整合。在网络经济环境下，消费者个性消费回归，消费者购买商品不只为了满足生理需求，还为了满足心理和精神需求。网络软营销理论认为在网络经济环境下消费者可以有选择地与企业主动沟通，消费者对于不遵守"网络礼仪"的信息会感到反感。网络软营销是相对"传统强势营销"而言的，网络软营销的主动方是消费者，而传统强势营销的主动方则是企业。网络软营销从消费者的体验和需求出发，采用拉式策略吸引消费者关注企业，从而达到营销效果。

 知识拓展

网络礼仪

网络礼仪（netiquette）是英语中出现的一个新词，由"网络"（network）和"礼仪"（etiquette）组合而成，指网络中人们交往的规则。正如在现实生活中，人们"入乡随俗"一样，只要进入网络，人们就应该按网络的"方式"行事，与人友好相处，这是起码的道德要求。因此，网络礼仪既是保证网上人们正常交往和相互理解的重要手段，也是判定网民是否文明礼貌的行为标准。

6．数据库营销理论

数据库营销是企业通过收集和积累消费者的大量信息，经过处理后预测消费者购买某种产品的可能性，以及利用这些信息给产品精确定位，有针对性地制作营销信息，以达到说服消费者购买产品的目的。这里的数据库是指营销数据库，其作用是存储消费者、产品、市场、人口统计、销售趋势、竞争和交易等信息。企业可以通过一定的数据模型和软件对数据进行分析和利用，以便更好地进行消费者分析，确定目标市场，跟踪市场领导者及进行销售管理等。

7．长尾理论

长尾理论是网络时代兴起的一种新理论，2004年，由克里斯·安德森（Chris Anderson）提出。长尾理论认为只要产品的存储、流通的渠道足够多，需求不旺或销量不佳的产品所共同占据的市场份额可以与少数热销产品所占据的市场份额相匹敌，即众多小市场汇聚成可与主流市场相匹敌的市场能量。也就是说，企业的销售量不在于传统需求曲线上代表"畅销产品"的头部，而在于代表"冷门产品"经常被人遗忘的长尾。实际上，亚马逊、谷歌、阿里巴巴、百度、腾讯等互联网企业的崛起，或多或少基于长尾理论的应用。

3.3.3　网络营销方法

1.搜索引擎营销

（1）搜索引擎营销的定义

搜索引擎营销就是基于搜索引擎高效、便捷、智能检索功能的网络营销方式。利用人们对搜索引擎的使用习惯，在人们检索过程中将推广信息传递给目标用户，让目标用户发现信息，主动点击信息，并进一步了解信息。企业利用搜索引擎进行推广时，可以让目标用户直接与企业客服交流，最终实现交易。概括起来说，搜索引擎营销是围绕用户进行的"一站式"营销活动。其流程大体为用户使用企业品牌或产品名称等相关关键词进行搜索，然后点击搜索结果中的企业品牌或产品信息，进入企业相关网站购买产品，之后跟踪物流配送信息并获得产品。

一般而言，搜索引擎营销的目标是以最小的投入在搜索引擎中获得最多的访问量，并产生商业价值。用户在检索信息时所使用的关键词反映了用户对该产品的关注，这种关注是搜索引擎被应用于网络营销的根本原因。

（2）搜索引擎营销的特点

搜索引擎营销作为经典营销的主要方式之一，具有很高的营销价值。搜索引擎营销主要具备以下优势和特征。

① 搜索引擎营销的基础是企业网络营销信息。企业网络营销信息包括内部信息和外部信息，两者都可利用搜索引擎实现信息传递，前提是信息发布的网站平台具有良好的网站优化基础。无论是通过企业官方网站、关联网站还是第三方电商平台发布信息，都要求信息发布平台具有搜索引擎优化基础。

② 以用户为主导。用户的信息检索行为具有自主性，使用什么搜索引擎、搜索什么关键词都由用户自己决定，在搜索结果中点击哪些网页也取决于用户自己的判断。因此，企业应该最大限度地减少营销活动对用户的滋扰，用有价值的内容和信息吸引用户。

③ 传递的信息只发挥向导作用。搜索引擎检索的是网页信息的索引，一般是某个网站或网页的简要介绍，或者说搜索引擎自动抓取的是少量内容，而不是全部内容，因此搜索结果只能发挥向导作用。企业在进行搜索引擎营销时，必须思考怎样尽可能地将有吸引力的索引内容展现给用户，怎样通过简单的信息吸引用户进入网页继续获

取信息，怎样给用户提供所期望的信息等问题。

④ 按效果付费。一些搜索引擎营销广告是按照效果计费的，即投放的广告被点击后才计费，展示是不收费的。因此，其广告每一次计费，都意味着有一次"点击效果"。用户点击了，说明用户对广告内容感兴趣。与传统的纸质、电视媒体相比，搜索引擎营销更加注重效果。

⑤ 广告投放费用较低。搜索引擎营销的广告费用相比于传统媒体而言更低，一般搜索引擎营销有多种收费策略，企业可选择更适合、更高效的策略，如按点击量收费、按展示位置收费等。

⑥ 精准定位。搜索引擎可以对用户行为进行准确分析，并可实现精准定位。尤其是搜索结果页面中的关键词广告，可以与用户检索关键词高度相关，从而提升企业营销信息被关注的程度和最终的营销效果。

（3）搜索引擎营销的实现过程

搜索引擎营销的基本思想是让用户发现并点击信息。当用户利用搜索引擎搜索某个关键词时，搜索引擎将把相关信息展示给用户。用户通过点击相关信息即可进入网站，进一步了解所需信息，同时为企业创造价值。搜索引擎营销的实现过程主要包括以下几个步骤。

① 企业发布信息：企业将信息发布在网站上，成为以网页形式存在的信息源。

② 搜索引擎收录信息索引：搜索引擎将网站或网页信息收录到索引数据库。

③ 用户检索信息：用户利用关键词进行检索，对于分类目录则进行逐级目录查询。

④ 搜索引擎反馈信息检索结果：搜索引擎在用户的检索结果中列出相关索引信息及链接地址。

⑤ 用户判断检索结果：用户对检索结果进行判断，选择有兴趣的信息并点击链接地址进入信息源所在网页。

⑥ 用户浏览网站：用户浏览企业官方网站、相关网站或第三方电商平台，实现访问量转化。

2．社群营销

（1）社群营销概念

社群以社交文化为基础，基于移动网络和社交工具，拥有特定的表现形式。一个社群通常有稳定的群体结构、一致的群体意识、一致的成员行为规范和持续的互动关系，同时社群成员之间能够分工协作，具有一致行动的能力。社群是社群营销的基石。

社群营销是在网络社区及社会化媒体的基础上发展起来的一种基于圈子和人脉的营销模式，通过将有共同兴趣爱好的人聚集起来，打造一个共同兴趣圈并促成最终的消费。社群营销的本质是口碑传播的过程，主要通过连接、沟通等方式实现用户价值。这种人性化的营销方式广受用户欢迎，并通过用户口碑继续汇聚人群，让用户成为继续传播者。

（2）社群营销的关键要素

社群营销具有精准、高效、渗透等多种优势，逐渐成为企业市场推广的"标配"。企业在互联网环境下进行社群营销时需要关注以下关键要素。

① 同好。同好是指社群成员具有共同价值观、共同爱好和共同兴趣，如对某款产品或某个人的喜爱，对科技、运动、阅读、旅行等感兴趣。同好是社群成立的基础，每一个不同的同好类型都可以形成一个与之相对应的社群，社群成员拥有相同兴趣和价值观，因此更容易产生一定的情感共鸣。

② 结构。影响一个社群成功运营的重要因素就是社群的结构。一个成熟的社群，不仅要有发起人、社群成员，还必须细分出管理人员、组织人员，制定完整的社群规范，维持社群的秩序和保证社群成员的质量，同时为社群成员提供必要的联系平台，加深成员间的联系。也就是说，社群不仅要帮助社群成员建立联系，还要进行规范的管理，以保证社群正常、持续、健康地运营下去。定位再精准的社群，没有人主动管理和维护，也是无法持续运营的。

③ 输出。一个有价值的社群需要固定地输出价值，即进行价值展现。很多社群虽然进行了完善的管理，但由于无法持续为社群成员输出价值，从而造成社群成员流失或社群日渐沉寂。为了让社群成员通过社群获得价值、产生价值，社群必须持续性地输出内容，可以引导群内成员互相分享，培养社群的领袖人物，分享不同层次、不同领域的价值，激励群内的普通成员，壮大社群。

④ 运营。运营决定了社群的"寿命"。一个保持活跃、具有凝聚力的社群，群内的每一位成员通常都有很强的归属感，能够自发产生主人翁精神，自主推动社群的发展和成长。要做到这一点，必须对社群进行运营，如制定成员加入准则，用群规规范成员的行为；实行一定的奖惩措施，从而让每一位成员都能够珍惜社群。此外，还要经常在群内进行讨论和分享，保证群内有话题、有任务；可以根据实际情况进行分工，保证社群成员有收获、有感悟。为了增强社群成员之间的联系，还可以组织一些线上或线下活动，通过活动加深社群成员之间的感情，增强社群的整体凝聚力。

⑤ 复制。社群的复制性决定了社群的规模。复制性是指可以通过复制手段建立多个相似的社群。社群只有具备核心文化和核心成员，才可进行有效复制。

 知识拓展

新 4C 营销法则

随着大数据、云计算等互联网技术迅猛发展，以加速线上、线下融合为目标的"新零售"时代大幕开启，"新 4C 营销法则"就此诞生。"4C"具体指：Context（场景）——场景让营销信息更有效地深入人心；Community（社群）——营销要精准，必须深入目标客户所在的社群；Content（内容）——打造有传播力的内容或话题；Connection（连接）——让信息在目标客户群中引爆。

新 4C 营销法则的内涵就是在适合的场景（Context）下，针对特定的社群（Community），通过有传播力的内容（Content）或话题，利用社群的网络结构连接（Connection）人与人，快速实现信息的扩散与传播，以获得有效的商业价值。

（3）社群营销的运营

建立社群并不难，但要想让社群持续发展，做好社群营销，则需要掌握一定的运营方法。

① 进行社群定位。在建立社群之前，企业运营者必须先做好社群定位，明确社群要吸引哪一类人。社群定位能够充分体现企业的核心价值定位。例如，小米手机的社群，吸引追求高科技与前卫的人群；罗辑思维的社群，吸引具有独立和思考标签的人群。只有当社群有了精准定位之后，才能输出契合社群成员兴趣的活动和内容，不断强化社群的兴趣标签，使社群成员产生共鸣。一般来说，社群定位要基于社群的类型和企业的性质。按照产品形式，社群可划分为产品型社群、服务型社群和自媒体社群等；按照划分范围，社群可分为品牌社群、用户社群和产品社群。当然，不管如何对社群进行划分，其目的都是确定社群的基调，保证社群既能满足社群成员特定的价值需求，又能为社群运营者带来回报，形成良好的自运行经济系统。为了更好地进行社群定位，在建立社群前，运营者应首先考虑建立社群的目的，如销售产品、提供服务、拓展人际关系、打造品牌、扩大影响力等。确定了建立社群的目的，才更方便进

行社群定位。

② 持续输出价值。社群运营者每次分享时都应该全程投入，不应有所保留。社群运营中常会遇到一些问题，如分享者没有将所有内容分享出来，有的是因为知识有限，有的则是害怕其他成员超越自己，造成成员分流。其实这是一个误区，要想让社群发展壮大，长久生存，分享者应当倾尽所有，将所有内容传授给社群成员，从而得到社群成员的认可和信任。如此，社群成员之间的黏性才会更强，后续才会持续输出价值，带来稳定的影响力和口碑，社群成员才会越来越多。

③ 维护用户活跃度。社群成员之间的在线沟通多依靠微信、QQ 等。对于社群运营而言，能否建立更加紧密的社群成员关系，直接影响着社群最终的发展，因此，社群活跃度是衡量社群价值的一个重要指标。现在，大多数成功的社群运营已经从线上延伸到线下，从线上资源信息的输出共享、社群成员之间的互动，到线下社群成员聚会和活动，目的都是增强社群的凝聚力，提高用户活跃度。

④ 打造社群口碑。口碑是社群最好的宣传工具，社群口碑与品牌口碑一样，都必须以好产品、好内容、好服务作为支撑，经过不断的积累和沉淀才能逐渐形成。一个社群要想打造良好的口碑，必须从基础做起，抓好社群服务，为社群成员提供价值，这样才能逐渐形成好口碑，社群成员才会自发宣传社群，逐渐建立以社群为基点的圈子，社群才能真正得到发展。

案例

霸蛮社群营销应用

提到湖南的饮食，人们第一印象就是"辣"；而说到湖南具体的食物，人们则会第一时间想到米粉。霸蛮社是一个优质的在京湖南人社群，在偌大的北京住着众多湖南人，他们远离家乡，时刻思念着家乡的味道。伏牛堂的米粉是很多湖南人的选择，霸蛮社的出现，解决了许多在京湖南人的"相思之苦"。

但是，再喜欢吃粉也不能天天吃粉。社群建立起来后如何维护？仅仅靠米粉是行不通的。于是，运营者将霸蛮社积极打造成在京湖南人的放松空间。它做了一件似乎与卖米粉没有任何关系的事情——社群运营者主要带着大家一起玩。

霸蛮社的主流群体是"80 后""90 后"，他们玩的形式不限于吃，观影、做公益、读书都可以玩。你也可以把霸蛮社理解为一个湖南文化品牌，做了一个青年社区，顺带着卖点米粉；或者把它理解为一家文化公司，从事自媒体行业，顺带着给伏牛堂做些广告。在"自己人效应"之下，这些都是无可厚非的，大家能够理解并且愿意主动为老乡捧场。

3．微信营销

（1）微信营销概述

微信营销是一种基于用户群体与微信平台的网络营销方式。它是通过微信软件与微信用户搭建一个类似"朋友"的关系链，并在该社交关系链中借助移动互联网特有的功能而制造的一种营销方式。其特点如下。

① "一对一"互动。微信上的互动是"一对一"的，这种营销给用户的感觉往往是专一的、私密的。因此，微信营销更接近于朋友化、人性化的营销，商家运用亲切动人的语言和图片，拉近了与用户之间的距离，从而增强了用户黏性。

② 信息到达率高。通过微信，商家可以将活动信息及产品相关信息完整无误地发送到用户的移动终端上。同时，微信收到信息时会以铃声、角标等方式提醒用户，加上手机端的移动便携特征使用户可以随时随地读取信息。

③ 强关系营销。微信的一对一产品形态注定了其能够通过互动的形式将普通关系发展成为强关系，从而产生更大的价值。

④ 初期成本低，维系成本高。相对于投放传统的电视、报纸、户外广告，微信营销的成本要低得多。目前申请公众号是免费的，企业只需要一点流量就可以向粉丝推送广告信息。但是当公众号粉丝数量增大时，企业就需要投入大量的人力、物力、财力，和粉丝友好沟通，留住粉丝，此时会产生较高的成本。

（2）微信营销的优势

① 海量的潜在用户。微信用户从 0 到 2 亿人只用了 14 个月的时间，2017 年微信用户超过 8 亿人，2022 年，微信在全球范围内的用户总数已经超过了 12.6 亿人。有用户的地方就有市场，微信海量的用户背后是巨大的市场。

② 营销成本低。微信软件的使用是免费的，使用各种功能也不会收取费用。在微信上以文字、图片、音频、视频、语音等形式与用户进行全方位的沟通和互动的成本几乎为零，这些都极大地降低了企业的宣传推广费用。

③ 营销定位精准。企业可以通过微信实现"一对一"营销，有针对性地向用户推送广告消息或提供服务，也可以针对某一地域或某一地区的用户推送消息。

④ 营销方式多元化。微信营销方式多种多样，微信的摇一摇、扫一扫、附近的人、朋友圈等功能板块都支持微信营销，这不仅拉近了商家与用户的距离，还使营销活动变得更加生动、有趣，从而更加有利于营销活动的开展。

⑤ 营销方式人性化。微信营销最大的优点是亲民而不是扰民，用户可以自由选择是否接收信息，并且微信公众号每天群发消息的次数、每次最多发送消息的条数都有明确的限制。

⑥ 用户真实性高。微信是一对一沟通和传播消息的即时通信工具，用户真实性比较高，对开展微信营销的企业来说，通过微信粉丝营销的价值或意义更大，易于为企业带来效益，实现企业营销目的。

⑦ 营销信息送达率高，信息交流互动性突出。在微信上，每一条信息都是以推送通知的形式发送的，信息很快就可以到达用户微信的移动客户端，到达率可以达到100%。同时，微信具有很强的互动及时性，无论在哪里，用户只要带着手机，企业就可以方便地同潜在用户进行互动沟通，微信支持 24 小时在线沟通。

4. 网络视频营销

网络视频营销作为一种主流的网络营销方式，在企业营销实践活动中使用频率非常高，成为网络营销的主要形式。网络视频营销建立在互联网技术的基础上，企业通过开展网络视频营销，可以展示产品和服务、推广品牌。

（1）网络视频营销概述

网络视频营销是以网络视频为载体，以内容为核心，以创意为导向，通过精心策划进行产品营销与品牌传播的营销方式。电视广告、网络视频、宣传片、微电影等都是网络视频营销的常见形式。网络视频营销的传播方式多样，互联网平台使视频营销兼具互动性、主动性、传播速度快等优势，使其应用更加广泛。视频与互联网相结合，让网络视频营销兼具了电视短片的特征和互联网营销的优势。

① 目标精准。网络视频营销是一种非常精准的营销方式，通常只有对产品、品牌、视频内容感兴趣的用户，才会对视频产生兴趣，进而持续关注，甚至由关注者变为传播者，将视频分享给拥有相同特征和兴趣的用户。一般来说，经典、有趣、轻松的视频更容易被用户主动传播。用户主动传播视频后，就会使企业、产品或品牌等信息在互联网上迅速扩散。

② 传播灵活。传统媒体广告发布后很难更改，即使更改也需要付出很大的代价。

而网络视频广告能根据需要及时变更内容，使经营决策的变化可以及时地实施和推广。同时，网络视频的传播速度非常快，很多视频在发布后的很短时间内就可以得到大量传播。企业可以根据需要在指定时间段将视频推送给用户观看，用户也可以主动去相关网站寻找感兴趣的视频。网络视频广告不必像传统视频广告一样，等待传播平台的播放。

③ 互动性强。网络视频营销具有互联网营销的强互动性。用户在观看视频后，可以通过回复的形式与视频发布者和其他观看视频的用户进行互动。回复即造势，往往回复数量越多的视频，热度越高，传播能力越强。与此同时，用户还会将他们认为有趣的或热度高的视频转发到微博、微信等社交平台上，让视频广告进行病毒式传播，传播范围更大。

④ 效果可预测。网络视频的投放效果通常可以根据一些数据进行分析和预测，如网站访问量、视频点击量、收藏量、用户停留时长、转发量、评论数量以及用户查阅的时间分布和地域分布等。这些数据使用户群体清晰易辨，不仅便于预测视频效果，还可以为下一次视频营销提供决策依据。

⑤ 感官性强。感官性强是视频营销最明显和突出的优势。视频广告以图、文、声、像的形式传送多感官的信息，比文字性或图片性广告更能体现出差异性。在文字、图片和视频这 3 种形式中，视频给人的感官冲击力最强。一条内容价值高、观赏性强的视频，在让用户全面了解企业产品或服务的同时，还能快速抓住用户的心。而画面感强的视频能够缩短用户对产品或服务产生信任的过程，使用户快速做出购买决策。

（2）网络视频营销的表现形式

网络视频营销兼具视频和互联网的特点，并且随着多媒体技术和信息网络技术的发展，其表现形式还在不断创新和变化。现在比较常见的网络视频表现形式主要包括传统影视节目二次传播、网络视频短剧、演示视频、创意视频、微电影和用户自发生产的视频等类型。

① 传统影视节目二次传播。传统影视节目二次传播是传统媒体与新媒体合作的结果，彼此互相拓展和延伸，从而实现全方位、立体化的整合推广。其可增进用户的深度交流，让更多被二次传播吸引过来的用户转而关注原本的影视节目。有了二次传播，就会产生话题效应；有了话题效应，就会有知名度；有了知名度，影响力就自然产生。当影响力产生后，营销者对用户进行广泛引流，就可以提高节目的收视率。

② 网络视频短剧。网络视频短剧是指个人或专业视频制作团队制作的拥有比较完整的故事情节，通过网络传播，吸引用户、宣传产品和品牌的一种短剧形式。在网络时代，

网络视频短剧已日渐成为企业品牌传播的利器。相比于传统影视剧，网络视频短剧拥有互动特性，对观众的吸引力更强。网络视频短剧多是一些剧情轻松、有趣或有创意的视频集，一般时长较短，比较符合现在网络用户时间碎片化的特点。短剧内容通常比较贴近生活，容易使用户产生亲近感；短剧题材灵活，制作成本低，可以边制作边播放，可持续与用户互动，"投其所好"地制作出更好的内容，从而既可以进行品牌曝光，又可以提高用户对品牌的好感度和忠诚度，保持用户与品牌间持续而良好的沟通。

③ 演示视频。演示视频适用于展示制作、使用实体产品的过程，一般通过 5 分钟以内的视频，将产品的制作、使用、运行过程直白、全面地展示给用户。视频要突出产品的核心优势或卖点。演示视频能够让用户迅速记住产品的特点，真诚、独特的演示视频同时具有很强的传播性。优秀的演示视频，关键在于提炼出产品或服务的独特卖点，也可用于解答用户疑问。例如，"产品功能如何""如何简单维修产品"等视频，通过简短的内容即可快速、有效地解答用户的疑问，并与用户产生互动，给用户带来更多的附加价值。

④ 创意视频。创意视频的时长一般为 3 ～ 8 分钟，以网络为主要传播媒介。其通常极富创意、幽默感和故事性。创意视频营销通常是指通过创意将广告植入短视频中的一种营销方式。视频可以是原创拍摄的视频，也可以是剪辑而成的视频。一个好的创意视频可以带来良好的传播效果。

创意视频对内容要求较高，企业要想使用创意视频进行营销，必须找到合适的品牌诉求点，并在视频中融入幽默、诙谐、惊奇等元素，才能吸引用户的眼球。

⑤ 微电影。微电影即微型电影，是主要通过互联网进行传播的一种短影片，具有故事情节完整、制作周期较短和投资较小的特点，适合用户在移动状态、短时休闲状态下观看。其内容包括幽默搞怪、时尚潮流、公益教育、商业定制等主题，可以单独成篇，也可系列成剧。微电影通常比较短小精美，可以围绕产品、服务和品牌来设计故事情节。企业在使用微电影进行营销时，将产品需求、品牌推广与观众的休闲娱乐结合，既能满足用户的观影需求，又不会占用太多时间，让用户在观看微电影的过程中自然而然地对品牌产生认知。

⑥ 用户自发生产的视频。用户自发生产的视频即网络营销中常常提到的 UGC（User Generated Content），是用户自制的原创内容。用户通过互联网平台向其他用户展示、传播与产品相关的信息，大大降低了视频营销的门槛。这类视频结合产品卖点，主要突出原创性和技巧性，如"如何 10 分钟内做出可口饭菜""如何快速安装计算机系统"等。由于用户自发生产的视频更具真实性，因而很容易引起其他用户的关注和

讨论。与其他视频形式相比，用户自发生产的视频更有利于品牌与用户之间的互动，可让用户真正参与到品牌传播过程中，增加用户对品牌的黏性，推广效果较好。

5．直播营销

直播营销是制作人员在现场随着事件的发生、发展，制作和播出视频的营销方式，它以直播平台为载体。网络信息的形式十分丰富，无论是图文，还是视频都具有一定的场景表现力。特别是视频直播，主播可以与用户实时互动，快速引起用户的情感共鸣。

（1）直播营销概述

从广义上讲，我们可以将直播营销看作以直播平台为载体而开展的营销活动，可达到强化品牌形象或增加销量的一种网络营销方式。它与传统媒体营销相比，具有不受媒体平台限制、参与门槛低、内容多样等优势。如今，淘宝、京东等大型电商平台都开设了直播入口，纷纷布局直播领域，如淘宝直播、京东直播等。直播营销包括场景、人物、产品和创意4个要素。①在场景方面，要营造直播的气氛，让观众身临其境。②人物是指直播的主角，可以是主播或直播嘉宾，主要负责展示产品，与观众互动。③产品要与直播中的道具或互动内容有关，以软植入的方式达到营销的目的。④创意可优化直播效果，吸引观众观看，如明星访谈、互动提问等形式就比简单的表演直播更加吸引观众。

（2）直播营销的优势

直播营销具有独特的营销优势。除了更低廉的营销成本，直播营销还具有媒介设备简单、营销覆盖范围广、直达用户、用户感受直观、销售效果好及营销反馈及时等优势。

① 媒介设备简单。直播营销的设备很简单，智能手机、计算机等都可以作为直播的设备。用户可以直接通过智能手机来接收与传播直播内容。

② 营销覆盖范围广。直播营销可以直接将产品的形态、使用过程等直观地展现给用户，将其带入营销场景，使用户全方位地认知产品。

③ 直达用户。直播营销直达用户，能够消除品牌与用户间的距离感。主播能够实时地向用户直观地展示产品制作流程、交流企业文化等，让用户对品牌的理念和细节更加了解，切实感受到产品及其背后的文化。另外，直播营销时不会对直播内容进行剪辑和加工，直播的内容与观众看到的内容是完全一致的。因此，主播要注重直播流程与设备的维护，避免出现直播失误，给观众留下不好的印象。

④ 用户感受直观。直播营销能为用户打造出身临其境的场景化体验。例如，旅行直播远比照片、文字形式更能让用户直观地感受旅游地的自然人文风光；在酒店房间

直播，可让用户感受到酒店具体的细节。

⑤ 销售效果好。不管采用哪种营销方式，其目的都是获得更好的销售效果。直播营销方式下，主播通过解说来传递各种优惠信息，同时开展现场促销活动，可极大地刺激用户的消费热情，优化营销效果。

⑥ 营销反馈及时。在确定目标产品的前提下，企业开展营销活动的目的是展示产品价值，实现盈利。在这个过程中，企业需要不断优化产品和营销策略，对产品进行升级改进，使营销效果最优。直播营销强有力的双向互动模式，让主播在直播的同时，可以接收观众的反馈，这些反馈不仅包括对产品信息的反馈，还包括对主播表现的反馈，这些反馈是企业下一次开展直播营销时可参考的依据。

 想一想

对直播带货售假须零容忍

随着网络直播兴起，直播带货发展势头强劲，因其可视性、互动性强，广受消费者欢迎，然而火爆的背后也暗藏危机。假货并非线上独有，只是由于网络强大的连接作用，给假冒伪劣产品提供了一个流通速度快、容量大的"集散地"。2020 年，中国消费者协会发布的《直播电商购物者消费者满意度在线调查报告》显示，37.3% 的受访消费者在直播购物中遇到过消费问题，"夸大其词""假货太多""鱼龙混杂""货不对板"成为消费者集中吐槽的内容。

少数主播沦为售假"帮手"，不仅损害了消费者的合法权益，还扰乱了正常的市场秩序。网络主播在引导消费者踊跃购物的同时，要充分认识到自身要承担的法律责任和风险，注重消费者的售后服务诉求，特别是维权诉求。主播群体在开展直播和相关经营性活动的时候要珍惜自身影响力，规范直播过程中的言行，为消费者提供真实、可靠的信息和商品。如果只要人气，不担责任，到头来只会搬起石头砸自己的脚。

毋庸置疑，有关部门应尽快对直播平台销售假冒伪劣商品进行整治和监管，着力构建全方位的监控机制，保护消费者合法权益，维护正常市场秩序。对于消费者在直播间遇到的不平等待遇，平台应积极承担社会责任，要严格按照相关法律法规及政策要求，完善平台监管措施和处罚方式，严肃查处直播过程中违法违规行为。对于消费者来说，在直播购物时，不能贪图一时便宜，应保持理智，不被主播模糊的宣传语所迷惑，同时保存购物记录，遇到消费陷阱及时举报，即可有效"避坑"，不让不法商家有空子可钻。

请思考为何要对直播带货售假零容忍？

6. App 营销

App 营销是基于智能手机和无线电子商务的发展而兴起的移动营销活动。App 营销是通过应用程序来开展营销活动的。企业以 App 为载体，以期达到推广品牌、挖掘新用户、开展营销的目的。

（1）App 营销概述

随着移动互联网的快速发展，人们对智能手机的依赖性越来越强，各类手机 App 进入人们的日常生活中。从事 App 开发的企业越来越多，App 营销成为企业移动营销不可或缺的一部分。下面介绍 App 营销的优势。

① 带来丰富的流量。App 的种类十分丰富，涉及购物、社交、拍照、学习、游戏、教育等不同领域，能够为企业带来各种不同类型的网络用户和大量的平台流量。有效挖掘这些用户和流量，可以为企业培养更多的忠实用户，实现企业品牌的传播。

② 信息展示全面。App 中展示的信息非常全面，包含图片和视频等类型。用户可以全方位地感受产品，快速、全面地了解产品或企业信息，从而打消对产品的顾虑，增强对企业的信心。

③ 方式灵活。App 营销的方式较为灵活。用户可通过多种方式搜索、下载并安装 App。企业可以通过手机或计算机后台发布、管理 App 中展示的内容。同时，用户在 App 中的注册、浏览等活动可以被后台统计分析，以更好地帮助企业进行用户行为分析，帮助企业改善营销策略。

④ 用户体验良好。在用户体验方面，App 的设计注重手机用户的视觉习惯，界面简洁清晰，开发的功能都是为了展示 App 的核心功能和特点。App 除了可以满足各种生活、娱乐的需求外，还支持用户评论、分享等行为，从而优化用户的使用体验。

⑤ 精准度高。App 一般是用户根据自己的需求搜索并下载的，这意味着用户在下载 App 时可能已经对这一款 App 有了一定的了解。并且用户对 App 的使用往往与即时的需求直接相关，只有当他们准备消费时，才会点开相应的 App。因此，App 营销是一种双向选择的营销。

（2）App 的推广优化

App 的搜索排名越靠前，品牌曝光机会越多，自然流量就越大。App 的名称、关键词、描述、截图及预览视频、下载量、用户评价等都会影响其排名，因此需要对 App 进行优化处理。

① App 的名称。App 的名称包括主标题和副标题，它是影响排名的核心要素。主标题是 App 名，副标题则用于介绍 App 的作用。一个好的标题会使 App 排名靠前，因此，企业通常会将核心关键词置于标题中。需要注意的是，副标题不宜过长，否则审核不易通过，甚至会导致 App 直接下架。

② App 的关键词。多数用户通过搜索查找和下载 App。因此，关键词优化是 App 优化的重要内容。挑选关键词有效的方法是查找竞争对手使用的关键词和潜在用户关注的关键词。例如，研究搜索排名前 5 位的 App，找出与 App 相关性高的关键词，以此建立自己的热词库。

③ App 的描述。优化标题和关键词可以带来流量，但增加 App 下载量是靠优化 App 的描述来实现的。App 的描述内容一般控制在 300 ～ 500 个字符，对功能的描述应简明扼要，便于用户理解和阅读；一定要让用户知道 App 的价值，即 App 能够给他带来哪些好处，能够帮助他处理哪些问题。在描述内容的末尾可添加企业的联系方式，如微信公众号、微博账号等。

④ App 截图及预览视频。App 截图和预览视频可以展示 App 的功能和界面，是对 App 的进一步描述。精心设计的预览界面，能够体现出 App 的功能或特点，对用户是否选择下载可产生不可忽视的影响。因此，前两张 App 截图应该体现出 App 最重要的功能或特点。

⑤ App 的下载量。App 的下载量在一定程度上体现了 App 在市场上被认可、受欢迎的程度，是影响 App 排名的一个重要因素，也是关乎 App 成败的关键因素。

⑥ 用户评价。已经下载并使用 App 的用户的评价会左右其他用户的下载决策。评论量少，会让用户觉得使用该 App 的用户少；如果差评过多，用户在不了解 App 时，会选择放弃下载。在设计 App 时，可设置弹窗，提示用户对 App 做出评价。

本章小结

本章主要介绍"互联网＋"背景下企业的战略变革与组织变革，阐述互联网对企业营销策略的影响、企业营销理念的改变，介绍网络营销的定义、特点和主要形式，包括搜索引擎营销、社群营销、微信营销、网络视频营销、直播营销和App营销。通过本章的学习，读者可了解"互联网+"对企业战略变革、组织变革的挑战，企业的战略选择和新的企业组织形式，了解搜索引擎营销、社群营销、微信营销、网络视频营销、直播营销和App营销等新媒体营销的发展。

本章思考题

1. "互联网+"对企业战略变革的挑战体现在哪些方面？

2. "互联网+"下常见的企业组织形式主要有哪几种？

3. 网络营销的优势有哪些？

4. 搜索引擎营销如何实现？

5. 如何有效运营社群？

6. 微信营销有哪些特点？微信营销的优势有哪些？

7. 网络视频营销的优势有哪些？

8. 直播营销的要素有哪些？

9. App可以从哪些方面进行推广优化？

第 4 章
"互联网 + 政务"

现代计算机科学技术迅猛发展，开辟了人类历史的数字时代。信息技术推动了社会生产力和生产关系的发展，影响着政治、经济、社会和文化等重要领域，显著改变着政府、市场和社会三者之间的关系。数字政府是数字中国的重要内容，也是实现国家治理体系和治理能力现代化的重要驱动力。党和国家高度重视、持续推进电子政务建设，各地各部门认真贯彻落实中央的工作部署，电子政务发展取得了长足进步。在"互联网 +"领域，政府可以依托云计算和大数据处理能力，完成对各部门信息数据的整合，突破部门之间的行政隔阂，以便将松散的政务服务进行统一和流程再造；同时通过不同部门之间数据的互通共享，可以有效改善多头管理的问题，使企业和个人避免信息的重复填写和到处跑路提供证明的烦琐，真正实现"数据多跑腿，百姓少跑腿"。

本章主要介绍"互联网 +"与政务变革，阐述"互联网 + 政务"服务创新的内容，分析"互联网 + 政务"面临的挑战、推进路径与发展趋势。

本章学习目标

1. 知识目标

（1）理解互联网环境下"一网通办"和电子政务工作机制等方面的变革。

（2）掌握"互联网 + 政务"服务创新的具体内容。

（3）理解"互联网 + 政务"面临的挑战、"互联网 + 政务"的推进路径以及未来发展趋势。

2. 能力目标

（1）关注我国"互联网 + 政务"最新发展实践，探索"互联网 + 政务"服务创新的内容。

（2）运用互联网思维理念，把握政务服务发展趋势。

3．素质目标

（1）通过了解我国互联网环境下政务变革以及政务服务创新的具体内容，感悟政府为民办实事的责任与担当。

（2）通过了解各层级互联网政务服务网站和相关政务服务 App、小程序等开展的政务服务创新，理解电子政务在利企便民方面发挥的重要作用。

（3）发掘我国当前"互联网＋政务"面临的挑战，探索未来发展趋势，培养独立思考能力、解决问题的能力和创新能力。

引导案例：赣服通

1．"赣服通"建设背景

根据江西省人民政府办公厅发布的《关于印发"赣服通"3.0 版建设工作方案的通知》和《加快推进"赣服通"政务服务平台建设工作方案》等文件要求，明确市、县两级应开展 24 小时自助服务区建设，提升自助终端服务能力，建设支撑终端服务的统一管理系统，提升各级政务服务大厅现有自助终端设备的服务能力，实现政务服务手机端、PC 端、自助终端联动处理以达到线上线下服务融合，多点互联，互通共享，构建便民"一张网"，打造"不打烊"数字服务。

2．24 小时自助服务区建设内容

24 小时自助服务区建设内容主要分为以下两个模块：第一，建设市、县两级全覆盖的自助服务区；第二，建设全市自助服务监控平台。

（1）建设市、县两级全覆盖的自助服务区。赣州市"数字政务 24 小时自助服务区"建设将以"赣服通"自助终端为主，同步设置集各部门专业自助服务机于一体的综合性数字政务 24 小时自助服务区。"赣服通"自助终端服务包括省、市、县三级已对接的各类在线服务，是对实体行政办事服务厅的有力补充，能实现更多事项的自助服务。

（2）建设全市自助服务监控平台。建设全市 24 小时自助服务监控平台的目的是对全市自助终端、业务平台、业务系统接口进行全面监控。

3. 24 小时自助服务区功能设置

自助服务区功能设置主要分为两大方面，即"赣服通"24 小时自助服务机和部门专业自助机。

"赣服通"自助终端将改变各部门独立规划、建设自助终端系统的现状，构建统一的政府自助服务平台，在集中部署、集中管理、标准统一的前提下，支持各机关部门和与民生密切相关的部门在平台上提供各自的自助服务事项，不断提升平台的服务能力，达到统一服务人口、充分利用资源、降低边际成本、避免重复建设的目标。

"赣服通"智能服务终端依托"赣服通"平台研发，是针对公共服务事项面向自然人实现各单位事项办理的一体化设备。系统集成身份证读卡器、支付宝专用摄像头、高拍仪、POS 机等，集成"赣服通"各项业务功能，集成本地"一窗受理"事项填报，可实现事项自助查询、办理、缴费。

思考题：

"赣服通"为企业和群众带来哪些便利？未来应如何进一步发展？

4.1 "互联网 +"与政务变革

4.1.1 一体化政务服务水平不断提升

各地区积极按照国务院的整体部署，大力推进电子政务服务统筹协调，搭建省、市、县多级联动的一体化网上政务服务平台。随着以国家政务服务平台为总枢纽的全国一体化政务服务平台建设成效逐步显现，我国网上政务服务已经由以信息服务为主的单向服务阶段，迈向以跨区域、跨部门、跨层级一体化政务服务为特征的整体服务阶段。通过构建普惠均等、便民高效、智能精准的全国政务服务"一张网"，政务服务平台的认知度、体验度持续提升，有力地推动了政务服务向基层、向乡村、向弱势群体延伸，企业、群众办事便利度显著提高，办事渠道更加便捷，服务流程进一步优化。一体化政务服务能力的显著提升已经成为我国现阶段数字政府建设的典型特征。

各地一体化政务服务模式不断创新。目前，省级政府已经建成省级网上政务服务平台，"互联网 + 政务服务"成为政府提供公共服务的重要方式。例如，"粤省事"

在全国率先建立起全省统一的身份认证系统，将个人的身份信息与政务服务关联，有效摆脱了网络身份认证对在线政务服务的掣肘，实现"一次认证，全网通办"。

4.1.2 政务服务"一网通办"稳步推进

"一网通办"是指依托一体化在线政务服务平台，通过规范网上办事标准、优化网上办事流程、整合政府服务数据，搭建统一的互联网政务服务总门户，推行政务服务事项网上办理，推动企业和群众办事时，线上只登录一次即可全网通办，逐步做到"一网受理、只跑一次、一次办成"。2016年9月，国务院印发《关于加快推进"互联网+政务服务"工作的指导意见》，对加快推进"互联网+政务服务"工作作出总体部署。2018年6月，国务院办公厅印发《关于进一步深化"互联网+政务服务"推进政务服务"一网、一门、一次"改革实施方案的通知》，推动企业和群众办事线上"一网通办"，明确要加快构建以国家政务服务平台为枢纽、以各地区各部门网上政务服务平台为基础的全流程一体化在线服务平台，实现政务服务"一次登录、全网通办"。

"一网通办"，关键在"通"，各区域、层级、部门拥有各自的政务服务多端渠道，如果不打通，存在群众与企业办事时用户信息不互认，重复注册、登录、认证，办事材料重复提交，信息反馈不及时等问题，给群众和企业办事带来麻烦。因此，"一网通办"需打破"数据孤岛"，推动政务服务从"群众跑腿"向"数据跑腿"转变，建设电子证照库以及互认共享机制，实现"一库管理、互认共享，一次生成、多方复用"，实现能通过数据共享获取的材料不需提交、能通过网络核验的材料不需提交、前序流程已收取的材料不需提交，打造"用户通、证照通、材料通、消息通、支付通、物流通"的一体化在线政务服务平台。

"一网通办"，落脚在"办"，将政务数据归集到一个功能性平台，企业和群众只要进一扇门，就能办成不同领域的事项，解决"办不完的手续、盖不完的章、跑不完的路"等麻烦，积极优化政务服务事项流程与办理环节，推行"场景式"服务模式，不断完善用户服务体验，提高线上办事的便捷度。

在一体化政务服务领域，江、浙、皖、沪三省一市通过统一标准、数据共享、服务共用，在2019年5月打造了全国第一个区域性"一网通办"平台——长三角区域政务服务"一网通办"（见图4-1），并不断推出一网通办"无感漫游"、示范区"政务大数据共享"等新理念、新做法。国家政务服务平台则对区域性"一网通办"平台和地方创新做法进行整合，构建了"区域政务服务专区"，汇聚京津冀、长三角、粤港澳三大重要区域经济圈的"一网通办"平台与服务，充分发挥国家性枢纽对"一网通办"的聚集和放大作用，为构建区域协调和全国统一的"一网通办"不断夯实基础。

图 4-1　长三角区域政务服务"一网通办"

 知识拓展

一网通办

　　所谓"一网通办"，是指践行和落实"以人民为中心"的发展理念，在提供政务服务的过程中引入互联网思维、强化信息化手段，在整合办事部门、优化政府办事流程的基础上构建统一整合的一体化在线政务服务平台，推动政府公共信息的互联互通、互享互助，促进线上线下政务服务融通，在线下整合公共服务的同时为民众提供线上政务服务新路径，实现在一定区域内跨区域、跨部门通办，促进不同区域、不同部门在相同事项上无差别受理、零差别办理，努力做到民众办事减材料、减证明、减时间、减跑动次数，推进政府在理念、结构、流程、效能、监督等方面的全面再造，促进营商环境优化，打造整体性政府。"一网通办"的四个字都有特定的含义，整合在一起构成了有内在逻辑关系的概念体系。

首先，"一网通办"的核心在于"办"。一方面，从民众角度出发，提高和完善企业和个人办事的体验性、感受度、获得感，使民众及时、方便地获取公共服务；另一方面，在政府部门方面，提高各个层级政府之间以及同一层级政府内部的不同部门之间管理和服务的协同性和便利度，促进办事效率和效能的提高。

其次，"一网通办"的关键在于"通"，这里的"通"主要表现为虚拟空间和物理空间的整合和联通，表现为线上和线下的联动和共通。在虚拟空间方面，通过建立整合的大数据中心，建立统一的公共服务网，归集原来分散在各个部门的数据，促进政府部门的数据和信息"以共享为原则，以不共享为例外"，实现政府部门内部的数据联通和共享，为高水平的公共服务和高质量的公共管理提供技术支持；在物理空间方面，整合多方资源，促进政府部门的集中和协同，推进政府服务资源和部门的整合，为社会和公众提供整合性的公共服务。

再次，"一网通办"的基础在于"网"，通过构建统一的电子政务服务网，整合原来分散于各个政府部门的信息和数据，发现优化和完善政务服务流程的空间和可能，形成监督各个政府部门行政行为的客观性机制，以信息化为手段促进政府流程再造，倒逼政府进行改革，优化政务服务。在优化线下服务的基础上，提供类似"网购"一样的线上公共服务新路径，实现线上线下两方面公共服务和公共管理办理路径的同步优化和发展。

最后，"一网通办"的前提是"一"，强调"一个整体、一个门户、一门服务、一窗受理"，努力实现"只跑一次、一次办成"。一个整体，就是通过政务服务在虚拟空间（线上）的统一和整合倒逼政府部门在物理空间（线下）的整合，促进政府部门打破管理的碎片化，打造整体性政府；一个门户，就是建立统一的电子政务服务网，提供整合的公共服务；一门服务，是线下将面向企业和公众的公共管理和公共服务集中到一个统一的地点，让企业和公众只需去一个地方就能获得所需要的多种公共服务；一窗受理，是将涉及企业和公众的行政审批事项集中到单一窗口，让企业和公众能够申请公共管理和公共服务一次办成。

4.1.3　电子政务工作机制逐步理顺

国家电子政务顶层设计逐步落实。中央网信办会同有关部门按照《国家电子政务总体方案》贯彻落实国家电子政务顶层设计，国家层面已构建形成电子政务统筹协调机制和重大事项会商机制。国家电子政务综合试点工作已见成效，试点地区已完成了试点方案要求的各项任务，达到了先试先行、探索经验的目的。国家电子政务专家委员会自成立以来，赴有关单位、地方开展调研，指导国家电子政务综合试点工作，发挥了专家智库作用，有效支撑了国家电子政务的重要工作任务。

电子政务制度规则统一落实。2018 年，国务院印发《关于加快推进全国一体化在线政务服务平台建设的指导意见》；2019 年，国务院发布《国务院关于在线政务服务的若干规定》；2020 年，国务院办公厅下发《关于加快推进政务服务"跨省通办"的指导意见》；除此之外，中央持续出台的一系列政策文件，对电子政务建设与发展做了全面部署。

电子政务统筹协调机制发挥有效作用。地方网络安全和信息化领导小组充分发挥作用，统筹协调网信工作重大问题，推进标准化、制度化建设，不断健全项目统筹、业务衔接、资源共享、运行保障一体化工作机制，强化了网信工作的集中统一领导管理体制。依托电子政务工作联席会议建立协调机制，协商解决信息化建设中的具体问题。例如，北京市建立了信息化工作统筹协调会议制度、信息化工作重要情况报告制度、信息化工作日常信息报送制度、信息化工作联络员制度等内容。

4.2　"互联网＋政务"服务创新

我国电子政务建设发展水平近年来显著提升，电子政务发展指数国际排名从 2018 年的第 65 位提高至 2020 年的第 45 位，在线服务达到全球"非常高"的水平。在各地区持续推行"一网通办""异地可办""跨区通办"等创新变革的共同作用下，"网上办""掌上办""指尖办"逐渐成为标准的政府服务方式。

4.2.1　数字赋能政府服务

1. 转变服务模式

近年来，各地依托政务服务平台的建设，通过新一代数字技术应用与数据资源共享开放，不断调整涉企服务流程和政务服务提供方的内部运行流程，创新打造了企业开办全流程"一件事"平台、工程建设项目联合审批平台等多部门数据互通、联合协作的服务平台，以及将各部门业务整合"装入"一个线下政务服务大厅，提供进一扇门、一窗式、"一揽子"的集中式服务,将部门各自"摆摊"服务,整合形成"看不见"的多部门联合服务。

以企业开办为例,南京的新办企业登记,除了实现"一窗受理、一表填报"外,还以"全链通"综合平台为依托,压缩企业开办涉及事项的整体时间,实现全流程开办企业 0.5 天办结。例如,徐州以服务企业需求为导向,从政策服务、诉求服务、政务服务等维度建设徐州市综合性企业服务平台,并且运用"互联网 + 大数据"等信息化新手段,将徐州市综合性企业服务平台与"一网通办""12345 热线""互联网 + 监管"等已有政务服务平台进行数据共享、融合发展;同时邀请涉企服务的职能部门和企业服务联络员共同入驻平台,为全市企业提供"无事不扰、有求必应"的综合性服务。

2.提升服务品质

"互联网 + 政务服务"兴起伊始,随着新的基础设施的建设和应用,如大数据、云计算、区块链、人工智能等,各级政务服务机构对数据资源的采集、挖掘、分析和应用能力也逐步提升,数据资产化与产品化的趋势也逐渐深入人心。数据在政务服务变革与营商环境优化的过程中,正在由一种被动应用的"资源"转变为一种主动创新的"杠杆"。

例如,在建设工程审批领域,可以利用区块链等信息技术让参与审批的相关部门及时获取信息和实现实时验证审批主体信息及证照信息等,通过数据共享,将审批中的信息壁垒破除,以便后续审批部门提前获取所需的数据,提高政府办事效率,减少企业办理施工审批等相关事项的等待时间。山东在工程建设项目审批过程中,坚持系统优先,努力打破数据壁垒,实现业务系统互联互通和审批信息共享,达成最终单位申报材料的缩减。

上海在电子证照应用方面,将电子执照、电子印章、实体印章系统打通,将企业登记数据和印章制作数据共享,实现同步发放。同时,电子营业执照和电子印章拓展至银行开户中使用,企业可以在线完成身份认证和执照核验,避免材料忘带的尴尬,也进一步帮助企业降低了人工、时间等无形成本。

小故事

"区块链 + 政务服务"应用场景

1.个人身份认证

区块链技术的加密传输和数据共享机制,为实现用户身份信息跨平台认证、

验证提供了有效的解决方法，在减少用户使用政务服务平台"阻碍"的同时，也降低政府部门进行政务服务过程中的"身份核验"难度。另外，信息上链、材料上链，甚至电子证照上链，在实现政务数据跨部门、跨层级的可信互识及共用的同时，也通过提高数据保密程度和材料复用程度，为"不见面审批"提供更加智能化的服务。

"i深圳"App 区块链电子证照应用平台借助区块链技术的同步记账、身份认证、数据加密和数据不易篡改等特征，提高电子证照信息的可信度和可追溯性。2019 年 12 月初，"i深圳"已实现了居民身份证、居民户口簿等 24 类常用电子证照上链，并且支持通过直接授权或扫码授权等形式，授权他人在特定应用环境中调取使用电子证照，实现电子证照在办事服务过程中的自动化调用录入。这样一来，办事者填写录入相关信息或携带纸质证明材料办事的不便程度将大大降低，避免忘带证件"反复跑腿"。

2．行政审批服务

"区块链＋行政审批"的基本原理是借助区块链技术加持的政务服务审批工作，在运行流程中首先将需要审核的资料电子化，然后再借助编入触发机制的智能合约技术，获取自动化审批的优势，提高在线审批效率。

北京市推出"区块链＋不动产登记"7 个应用场景，办事群众或企业可以登录平台办理相关业务。例如，不动产权利人在申请办理抵押注销登记业务时，完成信息填报后，经由计算机智能审批，抵押注销登记业务实现自动审批、自动登簿，大大提高了审批效率，有效地缩短了办理时间。

3．改善服务效能

各地深入建设"互联网＋政务服务"，将满足用户需求放在设计用户参与、设计服务产品和设计应用场景等的首要位置，从用户需求的角度出发，完善政务服务产品的功能设计，强化应用服务效能，实现企业"办事不难""办事不繁""办事又快又好"的目标。

例如，浙江通过线下"一窗受理、集成服务"＋线上云端集成，构建"全省企业开办一张网"，实现"开办信息一次填报、数据同步采集共享、业务协同办理"，实现"一套材料、一次采集、多方复用"，同时对企业办事环节进行整合，从用户角度出发，利用互联网的便捷、互通特性，为企业提供"一件事"服务。

知识拓展

国家政务服务平台建设加速，一体化政务服务能力显著提升

随着以国家政务服务平台为总枢纽的全国一体化政务服务平台建设成效逐步显现，我国网上政务服务发展已由以信息服务为主的单向服务阶段，迈向以跨区域、跨部门、跨层级一体化政务服务为特征的整体服务阶段。全国一体化政务服务平台正在成为创新行政管理、优化营商环境的重要手段，成为服务人民群众的重要渠道。

（1）企业和群众的认可度高。全国一体化政务服务平台通过构建普惠均等、便民高效、智能精准的全国政务服务"一张网"，以"我为群众办实事"为初心，聚焦网上办事的堵点、难点和"急难愁盼"问题，着重在提升服务水平和服务效能上下功夫，努力答写便民利企的民生答卷。各地区纷纷探索为老年人定制服务场景，建设"老年人服务专区"，支持"语音找服务""亲情服务"代办代查，用更大的字号让政务服务"掌上办"更有温度。

（2）平台有力促进了地方创新。各地区在工作实践中依托平台大胆探索、加强顶层设计与实践探索协同推进和良性互动，积极创新，创造和积累了许多好做法、好经验。北京市针对企业和群众的"急难愁盼"问题，全面开展数字普惠行动，优化数字公共产品供给；全面推行电子居住证、出生医学证明线上申领、制发，已通过线上分别核发 600 余万张和 7 万余张，让数字红利最大限度地惠及社会大众。广东省创新打造"粤省事"移动政务服务平台，已上线 2 170 项高频民生服务及 90 种个人电子证照，为近 1.5 亿用户提供便捷办事的服务体验。贵州省依托全国一体化政务服务平台，打造"贵人服务"品牌，推动实现材料"免提交"、表单"免填写"、办事"免核验"，截至 2021 年 12 月，已实现 371 类、8 700 万本证照信息入库共享，减免办事材料 2 755 万份，省、市、县三级仅需身份证或营业执照就能办理的"一证通办"高频事项达 6 538 项。

（3）政务信息资源开发利用成效初显。依托全国一体化政务服务平台，全国一体化政务数据共享枢纽加速建成，统一受理地方和部门政务服务数据共享需求，初步实现资源目录统一管理、数据资源统一发布、共享需求统一受理、数据供需统一对接、数据异议统一处理、数据应用统一推广。全国一体化政务服务平

台推动国务院部门的重点垂直业务管理信息系统与地方政务服务平台对接和数据返还，破解各地反映强烈的基层办事大厅数据重复录入、企业和群众办事重复登录等"一网通办"的堵点、难点。相关部门先后制定发布了 4 批近 4 000 项数据共享的责任清单，推动政务数据供需有效对接和共享应用。截至 2021 年 12 月，全国一体化政务服务平台已发布 53 个国务院部门 9 000 余项数据资源，支撑各地区各部门共享调用超过 2 000 亿次，成为全国政务数据共享服务的主要渠道；汇聚有关地方和部门 900 余种电子证照目录信息 42 余亿条，累计为各地区各有关部门提供电子证照跨地区跨部门共享 22.35 亿次，推动电子证照扩大应用领域和全国互通互认。

4.2.2　政府门户网站集约化建设

2015 年，国务院办公厅发布《关于开展第一次全国政府网站普查的通知》（国办发〔2015〕15 号），启动了全国政府网站普查工作。全国政府网站普查工作的主要目的是摸清全国政府网站基本情况，以便解决网站中"不及时、不准确、不回应、不实用"等问题。针对普查中发现的存在问题的政府网站，督促其整改，问题严重的坚决予以关停，切实消除政府网站"僵尸""睡眠"等不正常现象。目前全国政府网站普查已形成了常态化工作流程，并在中国政府网建立了全国政府网站数据库，定期通报抽检情况，最终实现全国政府网站成功"瘦身"。

随着政府数字化转型加速，在来自政府职能转变的"放管服"改革要求的作用下，政府门户网站作为政务公开、互动交流、在线办事的关键平台，其角色与价值正在发生重要变化。在集约化建设初期，核心任务是信息集约，重点在于将政府网站建设从软件到硬件、从平台到用户、从标准到规范等进行统一。当前，在人工智能、物联网、区块链等新基建驱动下，政府网站集约化要完成从管理增效到服务增效的价值转变，其基本前提是通过数据驱动政府网站的信息资源多场景输出和供给，通过用户感知与数据沉淀，不断适应不同的传播环境、应用环境与用户环境，重新激发政府网站集约化在数字政府发展背景下的独特价值。

1．内容创新

从我国政府网站集约化发展趋势来看，几乎所有政府网站都已经实现与微博、微信等政务新媒体协同，共同推进政务公开。随着互联网内容传播形势、传播环境以及用户交互方式的不断演化，以抖音、快手、视频号等为主要代表的短视频及直播平台开始崛起，其正在迅速改变政府网站对自身核心信息资源的发布主导能力。5G 的普及也将对政务公开的交互方式产生重要影响。因此，政府网站集约化建设在内容创新上也面临着重要变革，仅仅通过不同内容产品的分发与政务新媒体实现的内容协同已无法继续满足新时期的用户需求，未来可尝试打造具有用户识别度的"政务 IP"，遵循抖音、快手、B 站等平台的传播逻辑，打造具有超级 IP 孵化能力的政务内容等，以满足新生代用户的参与需求。

2. 体验优化

物联网、云计算、大数据、人工智能、虚拟现实等新兴技术的发展与整合是推动政府门户网站发展，提升政府门户网站服务水平的重要保障。运用区块链可以完成可信数字身份的构建，搭建统一的数字身份认证体系，使得用户可以简单、便捷地管理、控制和维护自己的数字身份，同时也可以根据业务需要，自主选择数据进行授权，让数据主权回归用户。应用大数据和人工智能技术，借助中台技术的协同处理能力，对政府门户网站海量数据资源进行多维度分析、精准识别公共需求、构建个性化服务群体的"画像"，实现内容资源与用户需求最佳匹配，及时为用户推送感兴趣的服务或信息，实现从"千人一面"向"一人千面"的转变。应用人工智能、机器学习以及自然语言处理等技术，越来越多的政府门户网站开通了智能问答机器人，为用户提供 7×24 小时的实时、自动的在线问答服务。

3. 典型案例

浙江省政府门户网站集约化平台以统一架构、统一规范、集约建设、资源共享、分级管理、协同运维为原则，推进数据、服务、应用融通，加快建设基于统一信息资源库的集约化平台，通过提供统一的数据接口，将已有的应用数据接入集约化平台进行同步发布，实现数据资源集中共享。在政府门户网站集约化建设过程中，应主动适应数字化时代趋势，呼应浙江省推进政府数字化转型与"最多跑一次"的顶层设计。浙江省人民政府门户网站通过"浙里看""浙里办""浙里督""浙里问"等内容模块设置，为公众提供覆盖看、办、查、问的全方位服务，通过"一体化服务"和优化政府网站智能检索、智能问答等功能，为公众提供高效便捷的政务信息服务。

4.2.3 政府服务多端一体化建设

1. 线上线下融合成为重要模式

随着"互联网 + 政务服务"的深入推进，各地区各部门以群众需求为导向，不断创新工作方法和服务方式，积极发挥互联网在服务型政府建设中的高效便捷优势，充分利用网上服务大厅、实体大厅、手机终端、政务公众号和电话热线等渠道，大力推进实体政务服务大厅与网上政务服务平台的深度融合，着力打造"线上线下、虚实一体"的政务服务模式。

2. "App+ 小程序"模式渐成移动政务服务主流

随着网络平台、数字应用、智能设备等不断迭代，移动政务服务的模式也经历了多次转型。"App+ 小程序"模式逐渐成为各个政务服务机构的优选模式，以移动办事为牵引，构建全渠道、全方位、全区域的"无处不在"的政务服务，陆续推出"一网通办""一证通办"等移动创新实践。在已建成的省级政务服务 App 中，已有地区实现与国家政务服务平台统一身份认证体系的互通和互信，并且越来越多的省级政务服务 App 开始支持使用第三方平台账号、短信验证等便捷登录方式，极大地提升了用户登录的便捷性。部分地区逐渐在省级政务服务 App、小程序中同步上线政务服务事项，依托电子证照、其他政务数据资源和流程优化等同步开设"一件事"、跨省通办、无证办等创新服务专区，在整合服务的基础上，逐步实现服务同源。

3. 24 小时自助政务服务

以政务服务大厅为圆心、以线上线下融合为支撑、以统一的办事流程和标准为基础，向社区、园区、商圈等场域不断扩散的 24 小时自助政务服务大厅、平台和终端不断涌现，并逐渐成为数字时代政务服务的重要创新内容。政务服务自助终端秉持"24 小时自助服务"和"即来即办"的系统设计理念，24 小时提供服务，办事群众不需要预约、取号就可以直接办事。如使用自助服务仅花费不到 5 分钟的时间即可完成当年的社保、医保缴费等业务，这与窗口服务相比，办事群众的等候时间、办事时间有所缩短。

从政务服务自助终端或政务服务 24 小时自助服务功能区的点位分布来看，一是结合政务服务中心或街道社区（党群）服务中心等已有的政务服务体系，将政务服务自助服务送到"家门口"，如上海青浦区在区行政服务中心及全区所有的街道社区事务受理服务中心分别部署运行"一网通办"自助服务终端，实现在"家门口"办事；二是在企业密集区、商业楼宇等人口密集的区域，设置"政务服务自助服务"点位，将政务服务自助服务送到办事群众"身边"，为办事群众提供在下班后、周末等时间"随时办"服务，如武汉硚口区在商业楼宇中部署"24 小时政务服务自助终端"，将政务服务送到办事群众身边。

 想一想

全国一体化政务服务平台

党的十八大以来，党中央、国务院对加快推进全国一体化政务服务平台建设作出一系列重要部署。2019 年 5 月，国家政务服务平台上线试运行，实现与 32 个地区和 46 个国务院部门互联互通，标志着以国家政务服务平台为总枢纽的全国一体化政务服务平台基本建成，有力带动了我国电子政务国际排名的快速提升。《2020 年联合国电子政务调查评估报告》显示，我国电子政务发展排名比 2018 年提升了 20 位，作为衡量各国电子政务发展水平核心指标的在线服务指数排名由第 34 位大幅提升至全球第 9 位，我国在线服务达到全球"非常高"的水平。

当前，极具中国特色的一体化政务服务获得有效推进，运用大数据、云计算等新兴技术，你认为今后应如何进一步为群众提供优质服务？

4.3 "互联网＋政务"面临的挑战、推进路径与发展趋势

4.3.1 "互联网＋政务"面临的挑战

1. 部门间业务协同能力有待进一步提升

简化网上办事流程、减免办事材料的关键在于相关部门的业务协同和信息有效共享。目前，依然存在一些部门由于业务协同的时间和资金成本高而不愿共享数据；一些部门对电子文件接受度不高，导致群众办事需重复提交纸质材料。各地网上政务服务平台大多基于已有的网络基础设施、业务系统和数据资源，基本采用独立模式建设，"信息孤岛"现象依然存在。

另外，业务系统功能单一成为普遍问题，仅具备业务办理、数据汇总展示和查询统计等功能。一体化的业务系统是各业务部门协同联动体系的重要支撑，办公系统的整合优化程度还不够高，业务平台的可视化展示功能还不够完善。政府内部业务应用

系统建设水平是影响业务能力的重要因素，业务信息系统不够智能，不仅会降低内部的行政效率，还会降低服务效率与部门间协同水平。

2．数据资源开放共享体系需要整合优化

一是中央与地方对接困难。中央垂直管理部门对地方资源共享存在阻碍，同时，中央部门向地方提供政务信息资源、数据等缺乏法律依据与标准，地方业务协同发展困难，跨部门、跨地域信息资源共享难，地方缺乏政务信息系统整合共享积极性，导致中央层面整合共享水平高，地方层面整合共享水平低。

二是地方政务信息系统整合难。各地信息系统建设、管理标准不统一，造成地方政务信息系统无法全面整合。各地政务信息系统的建设既要符合本地发展实情，又要兼顾中央垂直管理部门的建设要求，不论是从项目建设角度，还是从系统管理角度来看，地方政务信息系统都容易产生"信息孤岛"现象。

三是地方政务信息系统重建设而轻使用。各地均已建立政务信息系统，但是部分地方政务信息系统由于信息化、智能化水平不够高，缺乏相关管理制度，信息系统集约化程度低、应用水平低，数据采集质量低，政务信息资源分散，无法提供有效优质的共享资源。

4.3.2 "互联网＋政务"的推进路径

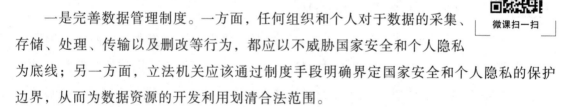

1．建立健全数据资源基础制度

一是完善数据管理制度。一方面，任何组织和个人对于数据的采集、存储、处理、传输以及删改等行为，都应以不威胁国家安全和个人隐私为底线；另一方面，立法机关应该通过制度手段明确界定国家安全和个人隐私的保护边界，从而为数据资源的开发利用划清合法范围。

二是健全数据共享制度。健全数据共享制度就要构建政府数据采集、使用、管理和共享标准，搭建统一的数据开放平台，促进不同部门数据共享；加强政府和企业间的数据共享，建立健全相关合作制度，在保障数据安全的前提下充分发挥数据的经济价值；鼓励不同主体间进行数据共享，如政府机构和企事业单位、政府机构和社会群众、科研院所和社会群众之间的数据共享，探索建立惠益分享机制，实现数据价值的最大化。

三是完善数据要素交易制度。完善数据要素交易制度就要探索制定简洁、规范的数据要素市场准入管理制度，引导鼓励各行业平台和企业积极参与数据要素市场交易。进一步完善市场竞争监管法律法规体系，杜绝数据滥用和数据垄断等不正当竞争行为，保障数据交易市场的公平与安全。

2. 明确电子政务建设需求导向

一方面"互联网+政务服务"继续提速增效。"互联网+政务服务"的关键是要界定政府服务平台的机制和角色，进而构建健康的平台生态。未来政务服务体验提升的主要方向应该是"个性化"和"主动化"。例如，当公众办理了具有强相关性的系列事项中的一个事项，平台就可以将后续事项的链接直接推送给用户。推动政务数据在全国范围内共享，建立健全相关协调保障机制，扩大政务服务事项全程网办范围，实现企业、群众高频事项跨省通办。

另一方面，充分发挥"互联网+监管"作用。加快建设"互联网+监管"平台，不断提升数字政府综合协同管理能力。汇聚相关数据进行融合分析，在食品安全、安全生产、生态环保等监管领域提供有效支持，实现规范监管、智慧监管，不断提升政府监管的能力，促进现代监管体系的建立。

3. 鼓励新技术创新应用

2018年以来，我国以新发展理念为引领，以技术创新为驱动，以信息网络为基础，面向高质量发展需要，加速建设新型基础设施，为数字化转型、智能升级、融合创新奠定了良好的基础。未来，我国要继续推进5G、国家大数据中心、工业互联网等建设，聚焦核心技术攻关研发与安全可控，将技术有效转化为生产力，将生产力持续转化为发展力。

4.3.3 "互联网+政务"发展趋势

一是门户网站、一体化平台、多微多终端服务将全面协同集成。政府互联网服务能力建设领先的地方政府都有着共同的特征，即线上线下服务协同较好、跨部门跨平台服务协同较好、以用户为中心的全链条服务较完备，协同化、融合化服务成效显著。政府互联网服务能力最终体现的是政府整体服务支持能力，作为一个服务端，不是把渠道开通就行了，内容不融合、平台不集约、服务不统一，对政府履职的支撑仍然有限。所以，服务规范化、标准化将成为政府互联网服务建设的重要要求，政府门户网站、政务服务一体化平台、政务新媒体的建设进一步协同融合，趋向一体化发展已成必然趋势。

二是服务应用的移动化、智能化、个性化将全面普及。虽然我国电子政务服务智慧建设仍处于探索阶段，但公众已对政府互联网服务移动化、智能化、个性化产生广泛需求。随着新一代信息技术的深入应用和持续优化，政府互联网服务要求将从全面性、覆盖度逐步转向便利性、智慧性，将被动服务转为主动服务，服务应用的移动化、智能化、个性化全面普及已成为必然趋势。

三是通过"放管服"改革和优化营商环境逐步重构政府互联网服务。近年来国家大力推进"放管服"改革和营商环境优化，调整与重构服务理念、内容、方式和效果，政府的互联网平台与渠道也必须进行相应调整，如北京的"E 窗通"、上海的"一窗通"服务平台等，均是对营商环境优化的互联网支撑平台。因此，各地政府进行"放管服"改革和营商环境优化已成为必然趋势。

案例

苏州市"苏周到"治理实践

苏州城市生活服务总入口 App——"苏周到"旨在实现让自然人"只登一个 App 就能高效办成一件事"的服务目标，进行数字政府服务的创新实践，形成苏州模式和苏州经验。

（1）推进互联网政务服务，方便市民生产生活

秉承"周到服务，舒心苏州"宗旨，聚焦群众办事堵点、难点，聚焦广覆盖、高频次、普惠性业务需求，苏州市统一的招聘求职线上平台"就在苏州"一体化服务平台正式启用。劳动者和用工单位均可登录该平台进行求职和招聘。通过该平台，劳动者可实现"一键求职"，用工单位可实现"一键用人"。平台汇集了全市公共人力资源服务机构岗位信息，形成招聘求职服务总门户、总枢纽。平台还汇集就业创业政策包、招聘会、维权引导、就业指导等多项就业创业服务内容，为求职者提供全方位、多维度的公共就业服务。

（2）完善部门信息共享，实现"一站式"服务目标

苏州工业园区"一网通办"是园区首个进驻"苏周到"的政务服务类小程序。利用园区"一网通办"小程序，用户可实现园区热门高频事项"一网而入、多事可办"，包括人才服务、公租房申请等在内的几十项民生事项已对一般用户开放。

（3）升级智慧服务产品，优化市民使用体验

"苏周到"开发线上关怀模式，聚焦涉及老年人的高频事项和服务场景，重点对交互界面、功能、内容、场景等多个维度进行优化，设置更大的字号、更醒目的图标展示，支持公告等语音播报服务，不断降低老年人操作难度，让老年人能用、会用、敢用、想用。在出行方面，"苏周到"提供了公交一码通、实时

公交、有轨电车时刻表等服务；在休闲方面，"苏周到"提供了"游在苏州"、苏州园林等服务；在就医方面，"苏周到"提供了体检报告查询、医院挂号等服务；在社保查询方面，"苏周到"提供了城镇企业职工基本养老保险查询、医疗保险查询等服务。"苏周到"积极利用智能语音技术，针对关怀模式中的公告、生活情报资讯等栏目，提供了语音播报功能，将文字转化为声音，"变看为听"，提高老年人获取信息的便利程度。"苏周到"积极满足用户偏好，"关怀模式"自动开启功能，能让老年用户每次打开"苏周到"都能看到更大的字号、更醒目的图标。

本章小结

本章主要介绍了"互联网+"环境下政务服务发生的变革，包括一体化政务服务水平不断提升、政务服务"一网通办"稳步推进和电子政务工作机制逐步理顺。政府服务不断创新，借助互联网等相关技术，通过转变服务模式、提升服务品质和改善服务效能，不断提升政府服务能力；通过内容创新、价值下沉和体验优化不断完善政府门户网站集约化建设；通过线上线下融合、"App+小程序"模式以及24小时自助政务服务等方式强化政府服务多端一体化建设。最后，介绍了当前我国"互联网+政务"面临的挑战、推进"互联网+政务"的关键路径以及"互联网+政务"的发展趋势。通过对本章的学习，读者可掌握"互联网+政务"的变革，掌握"互联网+政务"服务创新的具体内容，理解"互联网+政务"面临的挑战、推进路径以及发展趋势。

本章思考题

1. 互联网如何促进政务变革？

2. 互联网环境下政府服务能力提升表现在哪些方面？

3. 举例说明政府门户网站如何进行集约化建设。

4. "一网通办"已取得哪些成效？谈谈你认为现阶段"一网通办"仍然面临的挑战。

5. 当前政府服务多端一体化建设主要集中于哪些方面？

6. 当前"互联网+政务"面临哪些挑战？推进路径有哪些？

7. "互联网+政务"的发展趋势是什么？

第5章
"互联网+公众"

互联网消除了信息壁垒，扩大了社交圈子，丰富了人们的业余生活，提升了人们的消费体验，极大地提高了工作效率，让日常生活更加便捷。互联网给公众带来便利的同时，也带来了一些负面影响，比如个人隐私泄露等。

本章主要分析互联网对消费模式产生的影响，互联网为消费者带来的新的消费体验以及"互联网+"时代的消费维权，分析了互联网带给大众的智慧生活模式。

本章学习目标

1. 知识目标
（1）了解互联网给每个人的生活带来的影响。
（2）了解"互联网+"时代的消费维权。

2. 能力目标
（1）能够清晰地分析"互联网+"时代的消费模式特征以及消费者的主动性地位。
（2）能够比较深入地理解智慧生活的内涵，明确新技术的发展趋势。

3. 素质目标
（1）具有良好的信息素养和强烈的个人信息和权益保护意识。
（2）具有创新精神，树立创造性提出问题、采用新方法解决新问题的意识。

引导案例：关于"七天无理由退货"规则适用的诉讼案

2020年12月21日，赵某通过某公司运营的"微信电器商城"购买了一台电视机。2020年12月24日，赵某收到电视机后，发现电视机有重影问题，于是在2020

年 12 月 30 日向某公司申请退货。但是，某公司以"商品无质量问题且已开封使用"为由拒绝了赵某的退货申请。赵某诉至北京互联网法院，请求法院判决退货退款。

北京互联网法院经审理认为，除法律明确规定不适用之外，经营者采用网络、电视、电话、邮购等方式销售商品，消费者有权自收到商品之日起七日内退货，且不需要说明理由。本案中，涉案产品为电视机，不属于法定不退货的商品，且只有在拆封、开机后，才能确认电视机的品质和功能。消费者在七天内提出退货的，经营者不得以"商品无质量问题且已开封使用"为由拒绝退货，因此，对于赵某退货退款的诉讼请求，本院予以支持。

思考题：

谈谈你对"七天无理由退货"规则的理解。

5.1 "互联网+"消费模式

5.1.1 "互联网+"消费模式的新常态

互联网大大拓展了全社会沟通活动的空间，极大地变革着人们的消费模式。"互联网+"背景下的消费模式完全不同于传统消费模式，对商品生产、市场流通、经营销售都产生了巨大的影响，形成了消费模式的新常态。

1. 满足了消费需求，使消费具有互动性

传统消费模式与商业模式形成的根本原因在于供给与需求在时间和信息获取上的非同一性。在传统消费模式中，供给方依照自身对市场和消费者（需求方）的理解，自行设计、制造商品和服务，通过各种销售渠道送达消费者手中。在传统消费模式下，消费者是商品、服务的被动接受者。同时因为技术、资金等各方面的限制，供给方很难满足需求方的个性化需求。商品流通的中间环节为各种类型的商业机构，商业机构充当了供给方和需求方的中间枢纽。

在"互联网+"背景下的消费模式中，互联网为消费者和商家搭建了一个快捷而实用的互动平台，供给方直接与需求方打交道，中间环节被省去，供给方与需求方直接形成了消费流通环节，同时互联网使得个性化定制成为可能。消费者通过互联网直接将自身的个性化需求提供给生产者，能够参与到商品和服务的生产中；生产者则根据消费者对产品外形、性能等多方面的要求提供个性化商品和服务。"互联网+"间接促进了消费个性化趋势的形成，消费者成了商品和服务的生产出发点与归宿，与生产有了直接紧密的联系。这种互动性体现的不仅是一种商业模式，还代表着未来新经济和新文化的发展方向和趋势。

2. 优化了消费结构，使消费具有合理性

在物资匮乏的年代，一个地区甚至全国同时追求"千人一面"的商品和服务的模仿型排浪式消费屡见不鲜。这一特定的历史阶段虽然对提升居民的生活水平产生了积极作用，但是当规模化生产愈演愈烈时，产能过剩就不可避免。

随着社会的进步与发展，人们已经不再满足于简单的基本物质生活需求，对特色化、趣味化的需求更加强烈，以互联网为载体的新兴消费正好满足了人们的需求。消费者置身于资源丰富的网络世界中时，不仅能够借助于互联网进行方便快捷的消费，同时能享受互联网购物带来的前所未有的体验。借助于互联网，消费者将拥有与传统消费模式截然不同的感受，体验消费过程与消费本身融为一体，体验中有消费，消费中蕴含体验。互联网逐渐培养了消费者享受快捷选择、快捷支付的习惯，消费者也就逐渐习惯于互联网所提供的"唾手可得"和"无所不及"的精神享受。传统消费模式不能提供的这种消费体验使得消费已经进入了享受型和发展型消费的新阶段。同时，互联网信息技术有助于实现空间分散、时间错位之间的供求匹配，从而可以更好地提高供求双方的福利水平，进而优化升级人们的基本需求。

3. 扩展了消费范围，使消费具有无边界性

传统消费受时间、空间限制，在消费内容、消费时空上都受客观条件的限制。互联网消费借助互联网技术，使得传统消费的时空限制逐渐消失，形成了一种无边界消费模式。

首先，消费者在商品和服务的选择上是没有范围限制的。当前各个电商在互联网上销售各种各样的商品和服务，特别是为消费者提供了大量个性突出的非标准化商品，如图书、影视、音乐和游戏等。在互联网技术的蓬勃发展背景下，互联网能够以无限的商品来满足消费者的需求。

其次，互联网消费突破了空间的限制。随着互联网在全球普及范围的逐步扩大，消费者能购买世界各地的商品和服务，互联网提供了超越国家和地区边界的能力，互联网消费没有了边界限制。

再次，消费者的购买效率得到了充分的提高。网络技术的不断创新，使得包括商品搜寻、支付手段等在内的各种消费支撑技术得到了充分的发展，完全能够满足当前消费者方便快捷购物的需求。

最后，互联网提供信息是无边界限制的。网络技术的发展使得各种类型的信息排山倒海般地涌向消费者，信息的传播同样不受时空的限制；同时借助于大数据技术，消费者的消费偏好、消费习惯等微观信息也被归纳统计，生产者更能借助于这些数据为消费者提供完善的服务，消费信息在生产者与消费者之间的充分流动促使整个互联网消费稳步健康发展。

4．改变了消费行为，使消费具有分享性

AIDMA（Attention——注意，Interest——兴趣，Desire——渴望，Memory——记忆，Action——行动）作为消费者行为学领域很成熟的理论模型之一已经存在了很多年。然而，在互联网背景下，该理论已经有些不适用了。AISAS（Attention——注意，Interest——兴趣，Search——搜索，Action——行动，Share——分享）理论能更好地诠释在"互联网＋"背景下消费者购物的行为模式。

 知识拓展

AIDMA and AISAS

AIDMA 是消费者行为学领域很成熟的理论模型之一，由美国广告学家埃默尔·刘易斯在 1898 年提出。该理论认为，消费者从接触信息到最后购买，会经历以下 5 个阶段。

A：Attention（注意）。这期间终端销售方会以广告、用户体验等形式让消费者了解商品，当然如果商品无人问津，那消费者就是不知情者。

I：Interest（兴趣）。当消费者愿意接受销售方演示或展示、讲解商品，消费者进一步了解商品，对商品产生兴趣，到此阶段为止消费者仍属被动了解者。

D：Desire（渴望）。如消费者开始对该商品、终端公司提出问题，就表示消费者已经成为主动了解者，此时销售人员需积极获取其信任。交易成功很大程度上取决于销售方获取了消费者的信任，并激发了消费者的消费欲望。

M：Memory（记忆）。消费者对某商品已有很高的消费欲望时一般会货比三家，记忆中留下最深印象的那家是其最希望达成交易的一家。但是，如果消费者的经济能力有限，不足以满足消费欲望，其很多时候只会把对某商品的消费欲望压制，故此阶段，消费者仍属于被动购买者。

A：Action（行动）。当消费者的经济能力足够负担并有强烈的消费欲望时，

消费者才会采取购买行为，此时消费者变为主动购买者。

在 AIDMA 模型下，消费者由注意商品，产生兴趣，产生购买渴望，留下记忆，到产生购买行动，整个过程都可以被传统营销手段所左右，消费者从不知情者变为被动了解者再变为主动了解者，最后由被动购买者变为主动购买者。

AISAS 模式是由日本电通公司针对互联网与无线应用时代消费者生活形态的变化，而提出的一种全新的消费者行为分析模型，强调切入各个环节，紧扣用户体验。

基于网络时代市场特征而重构的 AISAS 模式，将消费者在注意商品并产生兴趣之后的信息搜索（Search），以及产生购买行动之后的信息分享（Share），作为两个重要环节来考量，这两个环节都离不开消费者对互联网（包括无线互联网）的应用，指出了互联网时代下搜索（Search）和分享（Share）的重要性，而不是一味地向用户进行单向的理念灌输，充分体现了互联网对人们生活方式和消费行为的影响与改变。

基于"互联网 +"时代特点而重新构建的 AISAS 模式强调互联网技术的应用，着重突出了信息搜索和信息分享环节。正是因为消费者自主"搜索"和"分享"行为的普遍，所有的信息将以互联网为中心聚合扩散，产生成倍的传播效果，给消费者购买决策及信息收集模式带来了颠覆性的变革，这就使得消费者能直接接触网络中由其他消费者分享的商品和服务信息。在电子产品、汽车、化妆品和一些奢侈品领域，互联网已经是消费者了解商品信息的首要来源。随着网络的普及，全民传播、全民分享消费信息的趋势逐渐明显。互联网的时效性、综合性、互动性和便利性使得消费者能方便地对商品的价格、性能、使用感受进行分享，消费者"货比三家"的困难程度大大降低。这种信息体验对消费模式转型发挥着越来越重要的作用。

5. 丰富了消费信息，使消费具有自主性

"互联网 +"时代的消费者不喜欢被动接受商品和服务，他们更倾向于选择流行、时尚、前卫的新鲜事物来彰显自我魅力。这种倾向性源于互联网把商品、信息、应用和服务连接起来，使消费者的"搜索引擎"有了搜索来源。消费者如果想购买商品，可以方便地找到同类商品的信息，并根据其他消费者的消费心得、消费评价做出是否购买的决定。也就是说，"互联网 +"时代最大限度地扩大了消费增量、盘活了消费存量，给予消费者自由选择、自主消费的系列权益。

5.1.2 "互联网+"时代的全新消费体验

1. 基于大数据的个性化商品推荐

在日常生活中，消费者在打开淘宝购物时，可能会遇到以下若干情形。

和好友同时打开App后发现，两个人App首页各个频道入口的图片以及文字不一致。

同样搜索"可爱小背心"，两个人App首页竟然出现不一样的商品列表。

刚刚浏览裤子以后，App首页各个频道的推送内容就变了。

在对比好友的界面后，更喜欢自己的界面。

基于上面的情形，消费者可能又会对以下问题产生疑惑。

淘宝是如何知道我喜欢什么并且可能想要买什么的？

为什么它能做到给每个人推荐不一样的内容（千人千面）？

为什么它要这么做？

其实，淘宝背后是一套机器学习的方法在支撑，首先我们要弄清楚什么是机器学习。

（1）机器学习的内涵

机器学习是一门多领域交叉学科，涉及概率论、统计学、逼近论、凸分析、算法复杂度理论等多门学科，专门研究计算机怎样模拟或实现人类的学习行为，以获取新的知识或技能，重新组织已有的知识结构并不断改善自身的性能。它是人工智能的核心，是使计算机具有智能的根本途径。基于学习策略，机器学习划分为两类。

① 模拟人脑的机器学习。

模拟人脑的机器学习主要包括两类学习过程。

一是符号学习：模拟人脑的宏观心理级学习过程，以认知心理学原理为基础，以符号数据为输入，以符号运算为方法，用推理过程在图或状态空间中搜索，学习的目标为概念或规则等。符号学习的典型方法有记忆学习、示例学习、演绎学习、类比学习、解释学习等。

二是神经网络学习（或连接学习）：模拟人脑的微观生理级学习过程，以脑和神经科学原理为基础，以人工神经网络为函数结构模型，输入数值数据，以数值运算为方法，用迭代过程在系数向量空间中搜索，学习的目标为函数。典型的神经网络学习有权值修正学习、拓扑结构学习。

② 直接采用数学方法的机器学习。

主要有统计机器学习。统计机器学习是基于对数据的初步认识以及学习目的的分析，选择合适的数学模型，拟定超参数，并输入样本数据，依据一定的策略，运用合适的学习算法对模型进行训练，最后运用训练好的模型对数据进行分析预测。统计机器学习的三个要素如下。

一是模型（model）。在未对模型进行训练前，可能的参数是多个甚至无穷的，故可能的模型也是多个甚至无穷的，这些模型构成的集合就是假设空间。

二是策略（strategy）。策略即从假设空间中挑选出参数最优的模型的准则。模型的分类或预测结果与实际情况的误差（损失函数）越小，模型就越好。因此，策略就是误差最小。

三是算法（algorithm）。算法即从假设空间中挑选模型（等同于求解最佳的模型参数）的方法。机器学习的参数求解通常都会转化为最优化问题，故学习算法通常是最优化算法，如梯度下降法、牛顿法以及拟牛顿法等。

（2）淘宝的机器学习

要想深入了解淘宝的机器学习系统，必须弄清楚以下两个问题。

① 系统为什么能够清楚知道消费者喜欢什么？

由上面机器学习的相关介绍，我们可以类推淘宝 App 为什么能够知道消费者喜欢什么，它基于一个假设条件：一个人的历史购物行为及偏好，会使其未来的行为有迹可循。要进行机器学习，必须利用消费者的历史交互数据（包括谁在什么时间买了什么东西，这个东西的名字是什么，什么颜色，价格多少等）。

比较有用的可以对未来推荐有指导意义的信息如下。一是购买力，一个平时只买100 元左右裤子的用户，未来短期内买 10 000 元和 10 元的裤子的概率远远低于买 100元左右或者 200 元左右裤子的概率，所以系统会优先推荐 100 ～ 200 元的裤子。二是性别，平时在淘宝上只买男性或男女通用商品的用户，未来短期内买女性商品的概率远远低于买男性和男女通用商品的概率。三是年龄，一个一直购买 20 ～ 25 岁服饰的用户，未来短期内购买其他年龄段服饰的概率远远低于购买 20 ～ 25 岁服饰的概率。

系统考虑了以上信息，就会向每个用户推荐不一样的结果。但是一个人也可能违背之前的购物习惯，比如一个只购买 20 ～ 25 岁衣服的女性，突然买了一件婴儿的衣服，可能在这个节点她的小孩诞生了或者她给姐姐的小孩买礼物等，这一瞬时购物兴趣的变化一般会被实时推荐算法捕捉。

② 为什么淘宝要实现个性化推荐？

早在 2013 年淘宝就开始推出"千人千面 / 个性化"算法。为什么淘宝会花这么多资源实现个性化推荐呢？原因可以概括为：获取新的认知，创造新的智慧，产生有价值的决策。从历史数据中探索用户的消费需求，在旧数据中挖掘新认知，从新认知出发结合机器学习算法创造新的智慧，最后帮助用户发现其感兴趣的商品，将最适合的商品呈现给他。这样做带来的效果如下。

首先，为每个用户创造极致的用户体验。极致的用户体验使用户更加信任和依赖平台，在每次购物过程中，都希望平台能够帮助其快速、准确地找到想要的商品。要为用户提供极致的用户体验，平台需要基于用户历史兴趣再延伸，同时基于用户行为再探索。比如某用户每隔 25 ～ 30 天会购买尿不湿，未来平台是否能够快速捕捉用户购买尿不湿的需求。再如某用户在平台上第一次浏览计算机，基于用户的其他购物行为（比如用户之前在平台上经常买 20 ～ 25 岁的衣服，并且大部分邮寄的地址为大学宿舍），平台是否可以为用户呈现适合学生的高性价比的计算机。

其次，进行长尾挖掘，打破 80% 的用户只买 20% 商品的现象。因为在非个性化商品展示过程中，往往"热销款"商品拥有更多的流量，这样其实不能很好地照顾到高质量长尾用户和高质量长尾商品。比如，在淘宝的某个频道，A 裤子价格为 100 元，近 5 天的销量大约为 1 万件，B 裤子价格为 1 000 元，近 5 天的销量是 100 件。在不考虑其他因素的情况下，非个性化推荐算法偏向于将 A 裤子排在 B 裤子前面。但是如果某用户在平台的历史购物行为显示用户主要购买高价格商品，如果个性化推荐算法考虑个人偏好，那么有可能 B 裤子就排在 A 裤子前面了。

最后，实现流量的充分利用。在 App 或网站有限的商品曝光机会下，为每个展现的商品争取最多的点击量 / 成交机会等。因为用户在平台上的时间是有限的，如果能在海量的商品中，为用户找到他感兴趣的商品，那么平台将在有限的流量资源下收获更大的价值。例如，某用户在某个频道下，先浏览了商品 A，又浏览了商品 B，再浏览了商品 C，最终却购买了商品 D，并且 A、B、C、D 是有一定关系的商品，那么平台能否在一开始用户浏览完商品 A 以后就帮他找到商品 D，并在商品 A 下面推荐商品 D，在最大限度地挖掘用户购物需求的情况下，最大限度地缩短用户购物的时间。

 知识拓展

长尾理论

长尾理论就是网络时代兴起的一种新理论，由美国《连线》杂志主编克里斯·安德森提出，用来描述诸如亚马逊和 Netflix 之类网站的商业模式。

网络经济时代，由于成本和效率的因素，当商品储存、流通、展示的场地和渠道足够宽广，商品生产成本急剧下降，以至于个人都可以进行生产，并且商品的销售成本急剧降低时，几乎任何以前看似需求极低的商品，只要有人卖，就会有人买。这些需求和销量不高的商品所占据的市场份额（见图 5-1），可以和主流商品的市场份额相当，甚至更大。

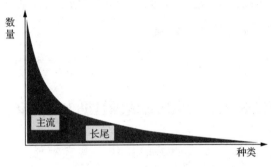

图 5-1 长尾理论模型

2．基于新技术的体验式消费

（1）体验式消费的优势

微课扫一扫

新消费时代悄然来临，当消费者在网上可以买到任何低价的高质量商品以后，更好的购物体验则成为消费者新的追求。传统消费主要注重商品的性价比，而体验消费则注重通过体验产生价值认同。体验式消费有三大优势。

① 体验式消费具有活动娱乐性强、商品体验性高、集客能力强的特点。消费者在亲临现场感受商品的过程中，会自然而然地产生好感和消费冲动，从而增强消费者与品牌之间的黏性，好的互动模式还能形成良好的消费者口碑。1995—2009 年出生的一代被叫作"Z 世代"。腾讯《2019 年 Z 世代消费力洞察》报告显示，在"Z 世代"了解商品品牌的途径中，朋友推荐位居第一，占比为 55.1%。与广告相比，"Z 世代"更喜欢熟人推荐，信赖社群。此外，体验式消费还对其他相关业态消费有着明显的带动作用，如消费者在节假日参与主题式活动会显著增加消费。

② 增加商品的"体验"含量，能为企业带来可观的经济效益。众所周知，实体商业相较于电商的优势在于场景，而场景是消费者进行"体验"的核心。"Z 世代"的许多购买需求不再是功能性和经济性的，而是"只为拥有"的存在感。所以在与当今年轻人的互动沟通中，品牌要利用数字化的场景。与功能性说教和宣传方式不同，场景

式体验站在消费者角度，同理心强，消费者更容易对号入座，产生消费。因此，很多商家通过小视频、直播、分享送红包等方式增加了线上线下场景的活动，一举打造了"网红"店。

③ 以体验为主导的"实体＋互联网"正在给实体行业带来新气象。以消费需求为导向，加快实体商业场景体验升级正逐渐成为行业共识。实体商家拥有新技术、新应用，将给消费者带来全新的消费环境与购物体验。实体商业转型的核心不是简单地铺设联网设备，而是依托各个场景、平台、技术形成跨界共融的商业结构，为消费者带去值得回忆的感受，打造独一无二的消费体验。

小故事

全民 K 歌打造国内最大的自助 K 歌实体店

全民 K 歌是一款由腾讯公司出品的软件，具有智能打分、专业混音、好友擂台、修音、趣味互动以及社交分享功能。2014 年 8 月 26 日，全民 K 歌正式开启预约下载，并于 2014 年 9 月 1 日首发。全民 K 歌是基于用户需求打造的线上 K 歌工具，不仅提供了海量版权曲库，还不断迭代 AI 智能评分、AI 智能修音等功能，用专业的音乐工具吸引广大专业与非专业的爱唱人士，为基于音乐的用户生态打下了坚实的基础。

全民 K 歌作为时下热门的唱歌 App，凭借庞大的曲库、优质的音效和创新的玩法吸引了数亿忠诚用户。2017 年 9 月 1 日，全民 K 歌首家线下实体店——"全民 K 歌自助店"落地广州。其最大的亮点就是全自助，点歌、付款等流程可通过设备一键完成。除双人歌房外，全民 K 歌自助店还会根据场地配备可以容纳 4～8 人的 K 歌房，并配有满足个人演唱需求的舞台唱歌机。此外，店内还专门设计了功能区，提供咖啡、小食、弹球机等，为到店用户提供全方位的娱乐体验。舞台唱歌机让年轻人有了自我展示的空间，此举让全民 K 歌在迷你KTV 市场独占鳌头，同时也带动了歌房的消费。

除此之外，基于"很多人是来找人唱的，不是来找歌唱的"这一认知，连麦合唱是全民 K 歌线下店的独特卖点，让处于不同地点、使用不同终端的用户可以同唱一首歌。连麦合唱要求低时延，延迟时间过长会导致双方用户唱错拍子，越唱越乱。要想实现端对端合唱，需要把时延控制在 60 毫秒以内。在技术上实现连麦合唱后，各种玩法随之而来：房间与房间之间、房间与舞台唱歌机之间的连麦，以及跨城连麦。

不少年轻人"以歌会友"，在全民 K 歌自助店内找到了自己的舞台，相关社群自发涌现。用户对"社交 + 唱歌"的兴趣超出预期，为此，全民 K 歌为用户提供了更多玩法，将直播的经典玩法融入线下，比如打赏、留言、加好友、录制歌唱视频并分享。

当线上线下融合发展时，以消费者体验为核心的创新模式将是引领市场的重要元素。新零售变革浪潮让"没有服务的服务"成为现实，全民 K 歌线下店的服务都由机器来提供，自助贩卖机、弹球机、娃娃机成为主力。每家店面只需要每日定时清洁的保洁人员和每日维修机器的区域运维代理商。

（2）5G+ 云计算 +AI：新技术成为体验式消费重要引擎

5G 以低时延、大带宽、广连接的优势，结合行业各种场景，实现了人与万物的智能互联，使得海量数据的有效传输成为可能，为体验和应用带来质的飞跃，将深刻地改变人类社会的发展进程。

我们正处在一个数据爆炸性增长的全新时代，人类对计算的需求大大增加，并且希望随时随地地获取，这将直接推动云计算成为数字经济时代的新型信息基础设施，并作为基础服务支撑下一波数字经济的发展，推动人类走入数字化时代。

AI，即人工智能，可以理解为用机器不断感知、模拟人类的思维过程，使机器达到甚至超越人类的智能。得益于算法、数据和算力三方面共同的进步，人工智能当前发展到了新的阶段，呈现出专业性、专用性和普惠性的特点。

"5G+ 云计算 +AI"是企业构建数字业务体验平台、服务模式创新的重要保障。5G、云计算、AI 等技术可以打破企业以往的管理体制、管理模式和生产方式，支撑业务创新和敏捷迭代，重构数字化的业务体系和运营体系，带来全新的业务体验。

5.1.3　消费维权跨入"互联网 +"时代

1. 新科技推动新消费，新消费需要维好权

物联网、大数据、云计算、人工智能等科技迅猛发展，人们的消费方式也悄然发生变化，网上购物司空见惯。2020 年全国电子商务交易额为 43.8 万亿元，比上年增长 8.5%。与此同时，网购商品真伪难辨、维权难等新的消费问题也开始出现。2020 年，全国市场监管部门共受理网络购物举报 203.32 万件，占平台投诉举报受理总量的

28.04%，食品、汽车、数码产品、旅游等是消费者投诉的热点领域，投诉问题主要为虚假广告、假冒伪劣、质量不合格、经营者拒不履行合同约定等。诉求热点主要集中在以下三个方面。

（1）直播带货客诉速增

直播带货已成为众多电商升级的新突破口，关于"直播"的投诉举报也相应迅速增加，商品质量不佳、使用"极限词"等引导消费者冲动消费、售后退换货难以保障等问题层出不穷。2020 年，全国 12315 平台共受理"直播"投诉举报 2.55 万件（"直播带货"诉求占比近 8 成，同比增长 357.74%），为消费者挽回经济损失 835.53 万元。

（2）生鲜客诉增加

传统零售不断向线上转型。生鲜电商的备货能力、骑手配送、价格控制以及售后服务等均受到了严峻考验。2020 年，全国 12315 平台共接受网购生鲜投诉举报 6.58 万件，投诉举报主要问题为：品质不过关、售后服务差、下单容易但取消难、久未发货、虚假促销。

（3）网上订餐问题突出

外卖行业不断创新，加速了餐饮零售化的发展。2020 年，网上订餐投诉举报 25 818 件，主要问题为：平台准入审核不严、线下餐厅无证经营、餐食外包装破损、送餐延误等。

市场监管部门正与时俱进，不断探索"互联网＋监管"的新路径，扩大监管的范围，拓宽监管的视野。例如，一些地方在大数据系统的支持下，监管部门能够有的放矢地对网络消费平台予以监管，消费者也可以通过海量数据筛选关键词，锁定不良商家的负面信息，从而为依法维权提供证据；一些地方已经有了"移动微法院"小程序，通过该微信小程序，消费者就能完成全部的诉讼过程，诉讼费也不高。用正确的方式维权，不仅方便有效，还会事半功倍。

2019 年 2 月，国家市场监督管理总局下发《关于整合建设 12315 行政执法体系更好服务市场监管执法的意见》，原工商 12315、质检 12365、食药 12331、价监 12358、知识产权 12330 共 5 条热线统一整合为 12315 市场监管热线，实现了"一号对外、多线并号、集中接听、各级承办、部门依责办理"。这意味着，过去消费者投诉维权需要给不同部门打电话的情况彻底改变了。如今，拿起手机，动动手指就能找到解决渠道。2020 年全国 12315 平台受理的网购投诉举报中，立案 18.41 万件，全国市场监管部门为消费者挽回经济损失 3.04 亿元。

互联网行业的发展特点表明，应对"互联网＋"时代的消费维权需求，要充分运用产品迭代、用户导向、大数据等互联网思维，更加积极地分析研究问题产生的根源，找准病因、对症下药，这样才有助于应对层出不穷的新产业、新业态、新模式，让消费者买得放心、用得舒心。

2．如何应对"大数据杀熟"

北京市民张先生是网约车平台的老用户，一次偶然的机会，他发现同一段通勤行程，隔天打车价格就不一样，而且两台手机同时呼叫同一目的地时，被推送的同样车型的预估价也不一样，他质疑自己遇到了"大数据杀熟"。

不只是打车平台，在其他网上消费平台也出现类似情况。2020年暑期，家住北京的周女士准备带家人到海南旅行，为节省开支，周女士提前一个月就通过某在线旅游平台关注航班动态和价格信息，结果，最后订单票价比初次搜索票价高了近1 000元，而她的朋友在同一天订到的同航班价格比自己低几百元，即使考虑机票余量导致的价格变动，这个价格差也不合理。

（1）常见的"大数据杀熟"套路

常见的"大数据杀熟"套路有三种：一是根据不同设备进行差别定价，如针对苹果用户与安卓用户制定的价格就不同；二是根据用户消费时所处的不同场所定价，如对距离商场远的用户制定的价格更高；三是根据用户的消费频率差异定价，如消费频率越高的用户，平台认为他们对价格的承受能力就越强，从而制定更高的价格。

对于不断曝出的"大数据杀熟"行为，北京市消费者协会对过往案例进行过复盘，发现常被大数据"杀熟"的用户，一般有三类。第一类是高消费用户。2019年，复旦大学一名教授用一年时间带领团队在全国多个城市实地调研，收集打车样本。结果显示，苹果手机用户更容易被专车、优享这类更贵的车型接单；至于非苹果手机用户，则手机越贵，越容易被更贵的车型接单。第二类是活跃用户。由于技术更新很快，平台利用大数据算法，向不同的用户展示不同的消费价格。正常情况下，平台上那些重复购买的用户，往往很少去比价，属于对平台更信任的人群，有的互联网平台就会针对这种用户进行"大数据杀熟"。第三类是会员用户。人们加入会员的目的是想得到更大的优惠，但一些用户发现并不是这样。有的网络平台有时给会员的价格会比非会员的价格更高。

"大数据杀熟"是借助技术手段进行的，常见的技术手段有三种。第一种是根据地理定位"下手"。如果你附近的商场少，那么你的比价就不方便，加价你也得买相应商品或服务。第二种是根据消费记录"下手"。大数据能判断出你是不是经常花钱，如果你经常花钱，那么就有可能给你加价。第三种是根据搜索的关键词"下手"。你搜索的词汇、时间、频率都会在后台留痕；你的急需、闲逛、经常购买操作，都会直接影响到下次购买时的价格。

（2）为什么"杀熟"不"杀生"？

在平台看来，老用户属于存量用户，对平台已经形成一定的品牌黏性和消费刚需，新用户才是需要拉拢的增量对象。所以，平台就利用老用户对品牌的信任和习惯，有针对性地在原有商品价格基础上加价，以至于出现了越"熟"越"杀"的情况。

"大数据杀熟"有两个先决条件。一是商家有充分的技术能力了解每个消费者的购买意愿和能力，从而针对每个人单独定价。因为大数据是由算法和程序完成的，从各种看似没有关联的碎片行为和场景中，分析出用户的个性化喜好，然后对他们进行差异化定价，从而达到精准定向营销和收益最大化。二是消费者之间是分隔的，他们在购买前无从得知或很难得知标准定价。尤其在互联网上，每个人单独面对的是自己的计算机或手机，商家能根据用户的属性、历史行为分析出用户的画像，从而了解不同消费者的购买能力和偏好，做到千人千价，只要消费者不特意去比价，就根本无从得知标准定价。

（3）"大数据杀熟"侵犯了消费者哪些权益

越来越多的"大数据杀熟"，对消费者来说究竟意味着什么？"大数据杀熟"既不符合道德要求，也违反法律规定，实际上是一种严重的背信行为。消费者与网络平台之间的"熟"就是"用户黏性"，消费者信任使用某平台，不再货比三家，该平台为了追求利润最大化，对忠实的消费者不提供优惠价格甚至给予歧视性待遇，属于典型的不诚信行为。

"大数据杀熟"既是价格歧视，又是价格欺诈，是一种严重侵害消费者权益的行为。歧视定价本是一种常见的商业营销策略，目的在于给予对价格敏感的消费者以优惠来实现商品促销。这种定价行为本身没有问题，但是，如果经营者利用大数据技术进行虚假标价并使消费者误解，诱骗消费者做出购买选择，这种做法显然背离公平诚信的价值原则，属于价格欺诈行为。

如果平台借助用户互联网终端操作行为来分析和诱导消费，定义用户所购买的服务、商品是紧俏热门还是余量充足，瞒天过海地用高价损害消费者利益，就是在用信息误导消费者采取购买行为。"大数据杀熟"背后实际上是平台对用户个人资料、订单特征、网站搜索痕迹等隐私信息的采集、应用，平台有过度获取、搜集、滥用用户隐私信息的嫌疑。

遭遇"大数据杀熟"，消费者的公平交易权和知情权被侵害了，隐私权也受到了不同程度的危害。

（4）消费者如何避免"大数据杀熟"

"大数据杀熟"之所以肆无忌惮，很大一部分原因是消费者举证困难。每次出现"大数据杀熟"时，企业会以各种理由回应，如商品型号或配置不一样，消费者享受的套餐优惠不一样，时间点不同等，理由五花八门，消费者没有证据，很难维权。尤其是大多数电商平台不会主动对外公布具体算法、规则和数据，消费者在遇到类似问题时，很难维护自己的权益。

面对具有复杂性和隐蔽性的"大数据杀熟"，消费者可以通过一些有效的"反制手段"来维护自己的权益。例如，在选择品牌商家进行消费时，消费者要对商家进行市场口碑的背景调查，对"大数据杀熟"的概念要有所警觉，一旦知道某平台存在"大数据杀熟"现象，就应减少使用该平台的频次。再如，消费者应多关注公开性价格信息，如果有的商品属于非公开、非固定价格类别，就需要警惕"大数据杀熟"风险。

另外，用户也可以不登录，或者用不同的浏览器、不同的手机终端，到某个网站搜索某个特定的商品，记下报价，并进行比价。

同时，如果发现"杀熟"情况，消费者可以联合维权。互联网时代，发达的社交媒体提供了丰富的消费者共享信息，联合发声便于消费者达成维权目的。消费者可以留意同一经营者提供商品的价格变化以及针对不同消费者的价格是否相同。如果发现价格明显异常，消费者可以与企业沟通了解情况，如果发现确实存在价格歧视，消费者应及时留存证据并向有关部门反映情况，以维护自身的合法权益。

 想一想

互联网消费维权的方式

1. 协商和解

消费者与经营者在发生争议后，在自愿、互谅基础上，通过直接对话，摆事实、讲道理，分清责任，达成和解协议。这种快速、简便的争议解决方式，无论是对消费者还是对经营者来说都是理想的途径。

2. 投诉调解

消费者与经营者之间发生争议后，请求消费者权益保护委员会调解，即由第三方对争议双方进行说服劝导、沟通调和，以促成双方达成和解协议。

3. 行政申诉

消费者和经营者发生权益争议后，可请求有关行政部门解决争议，这种争议解决方式具有高效、快捷、力度强等特点。消费者决定申诉时，一般用书面形式，并载明要求、理由及相关的事实根据。如果与经营者达成和解，可撤回申诉，请求有关行政部门出具调解书。

4. 提请仲裁

双方当事人达成协议，自愿将争议提交仲裁机构调解并由其作出判断或裁决。仲裁具有当事人程序简便、一裁终局、专家仲裁、费用较低、保守机密、相互感情影响小等特征。仲裁费用原则上由败诉的当事人承担，当事人部分胜诉，由仲裁庭根据各方责任大小确定各自应承担的仲裁费用。

5. 提起诉讼

消费者因其合法权益受到侵害，可向人民法院提起诉讼，请求人民法院依照法定程序进行审判。消费者因其合法权益受到侵害而提起的诉讼属于民事诉讼。

以上是关于互联网消费维权的方式，从上面的内容我们可以了解到，消费者维权的方式有很多种，作为互联网一代的你，当自己的权益受到侵害时，你会怎么做？你是否应学会主动维护自己的权益，不让自己的利益受到侵害？

（5）依靠技术监管和法律约束

本质上说，大数据技术并没有过错，"杀熟"行为其实是一种非诚信商业行为。遏制"大数据杀熟"，除了消费者学会应对和自我保护外，职能部门必须有所作为，充分发挥技术监管和法律约束的作用。一方面，国家市场监督管理总局作为主体监管部门，应牵头组织商务、工业和信息化部、文旅等有关部委一道，形成监管合力，消除监管盲区；另一方面，国家市场监督管理总局要引入外在的制裁与约束机制，严惩失信行为，提高企业违法成本，还要研究如何使用大数据分析技术对"杀熟"行为进行自动侦测和预警，提高执法效率和力度。

2021年2月，国务院反垄断委员会制定发布了《平台经济领域的反垄断指南》（以下简称《指南》），强调反垄断法及配套法规、规章适用于所有行业，对各类市场主体一视同仁、公平公正对待，并明确"大数据杀熟"可能构成滥用市场支配地位差别待遇行为。

这样，"大数据杀熟"就有了判断标准，反垄断执法机构就可介入调查，这无疑比消费者个体取证维权更具优势。一旦电商平台被认定为滥用市场支配地位，将面临"没收违法所得，并处上一年度销售额百分之一以上百分之十以下的罚款"的处罚，所以，《指南》有望成为反杀"大数据杀熟"的利器。在实际操作过程中，消费者要从根本上解决取证、举证难题，有三条路可走。

① 实行"举证倒置"，让平台自证清白。消费者一旦怀疑平台实行价格歧视，就可以提出投诉或者质疑，由平台承担举证义务，由监管部门对证据进行甄别审核。

② 改进定价策略，让消费行为更加透明。例如，网络平台要向消费者展示统一价格；允许消费者用优惠券、红包等进行抵扣，使得消费者能够清楚价格差异所在。

③ 强化监管责任，让监管更加公正有力。对"大数据杀熟"的投诉案例，相关部门要积极主动、及时介入，通过行动来证明，法律、规定、指南等绝非一纸空文，而要说到做到，绝不含糊。

总之，只有善用法治力量，才能倒逼互联网平台用好大数据，激发科技向上、向善的动能，让消费者免于被算法"算计"，让算法更好地服务于消费者。

5.2 "互联网 + 智慧生活"

5.2.1 智慧社区

智慧社区是社区管理的一种新理念，是指充分利用物联网、云计算、移动互联网等新一代信息技术的集成应用，为社区居民提供安全、舒适、便利的现代化、智慧化生活环境，形成基于信息化、智能化社会管理与服务的一种新的管理形态的社区。

1. 智能家居

利用综合布线技术、网络通信技术、安全防范技术、自动控制技术、音视频技术将家居生活有关的设施集成，构建智能化的住宅设施与家庭日程事务的管理系统，提升家居安全性、便利性、舒适性、艺术性，并实现居住环境环保节能。

利用物联网技术将家中的各种设备连接到一起，实现控制、监测及全方位的信息交互等功能。

① 智能灯光控制。

实现对全宅灯光的智能管理，可用定时控制、电话远程控制、计算机本地及互联网远程控制等多种控制方式对全宅灯光开关、调光等进行控制，达到智能照明节能、环保、舒适、方便的效果。

② 智能电器。

用遥控、定时等多种控制方式对家里的各种电器进行智能控制，避免饮水机在夜晚反复加热影响水质，在外出时断电，避免电器发热引发安全事故；对空调、地暖定时开关或者远程控制，到家后可马上享受舒适的温度。

③ 安防监控系统。

系统监测到陌生人入侵、煤气泄漏、火灾等情况会及时通知主人。

④ 智能视频共享。

视频共享系统可以让客厅、餐厅、卧室等多个空间的电视机共享家庭影音库，主人可以通过遥控器选择自己喜欢的视频进行观看，可以让电视机共享音视频设备，不需要重复购买设备和布线，既节省资金又节约空间。

我们来畅想一下智能生活场景。清晨在轻松愉悦的音乐中起床。离家时一键就可以关闭灯、电视、空调等，在外面可随时查看家中电器等状态。还有门窗异常报警、煤气报警、烟雾报警等全方位保障家的安全。回家时，当你打开门的一瞬间，一盏小灯为你亮起。当你疲惫地躺在沙发上时，你可以使用手机打开影音系统、关闭窗帘，打造独属于自己的舒适安心小窝。

2．智慧物业

智慧物业就是利用大数据、物联网等技术，通过统一的云平台将物业各单位连接起来，实现物业管理数据共享，并通过对数据进行深度分析和挖掘，发现物业管理中的各种问题，打通部门之间的沟通壁垒，建立起高效的联动机制，快速有效地解决物业方面的问题。

集成物业管理的相关系统，如某集成物业管理系统提供停车场管理、闭路监控管理、门禁系统、智能消费、电梯管理、保安巡逻、远程抄表、自动喷淋等相关社区物业的智能化管理，实现社区各独立应用子系统的融合，进行集中运营管理。

例如，在微小区平台上绑定微信公众号，即刻变身"微物业"。微小区平台提供小区、房屋、车位、车辆、住户全新数据管理模式，住户只需打开微信，就可浏览小区公告，享受便捷的物业服务，当其开车回家的时候可以通过手机 App 查看附近的共享车位，可预约，省去寻找车位的时间。如果住户有自有车位，可以对外共享，让车位可以在空闲的时候为你赚钱。当家里需要缴费，或者保修维修时，住户都可以在 App 上直接缴费或者联系物业。物业管理人员也可通过手机微信进行各项管理操作，享受良好的物业移动管理办公体验。

3．智慧养老

随着空巢老人数量的增加，居家养老一直以来颇受关注。智慧养老就是利用物联网技术，通过各类传感器，远程监控老人的日常生活情况，监测老人的健康状况，使老人的安全有保障，子女可以放心工作，政府方便管理。

例如，某机构开发的由一个传感器、一块大垫子组成的"伴"系统，将传感器垫在床脚处，可以远程监控老人心跳、血压等生理数据上的异动，服务中心可就此发出指令，或联系子女，或联系街道以提供帮助。而铺在地上的大垫子则能察觉老人是否跌倒，通过跌倒在地的姿势、卧地时长等数据，可以判断老人是不是出了意外。因为该系统不占空间，不会让人产生"被监视感"，反馈良好。

再如，如果厨房里正在煮的东西长时间无人问津，厨房里的传感器就会发出警报，提醒健忘的老人，如果老人外出，报警一段时间无人响应，煤气便会自动关闭。如果老人住所内的水龙头 24 小时都没有开启过，那么报警系统就会通过电话或短信提醒，判断老人是外出，还是出了意外。

无线射频识别技术被运用到了失智老人的监护上。给需要重点监护的失智老人佩戴射频卡，或者手腕式可穿戴设备，可实现对此类人员的定位，关注他们的行动轨迹，防止他们走丢。

5.2.2 智能可穿戴设备

智能可穿戴设备是应用穿戴式技术对日常穿戴进行智能化设计、开发出的可以穿戴的设备的总称。目前，智能可穿戴设备以智能手环、智能手表、智能眼镜、头戴式显示器以及智能服装等为主。智能可穿戴设备通过软件支持以及数据交互、云端交互来提供强大的功能，对人们的生活产生很大的改变。

1．智能手环

智能手环价格低廉、技术单一、体验感相对较好，成为市场上热门的可穿戴设备。智能手环的功能主要是监测运动健康，结合手机端的 App，为用户提供每日运动、休息数据，部分智能手环还充当手表。

智能手环最大的优点是续航时间长，不用频繁地充电。在未来，智能手环的功能并不会有本质的变化，改进的重点将会放在智能手环的外观设计与做工上，智能手环也将变得更加时尚精美。

2．智能手表

智能手表是近期逐渐流行的一种可穿戴设备，其优势在于手表的设计形态是人们非常容易接受的，可穿戴性非常好。另外，智能手表是一种突出第二屏体验的设备，旨在让人们不必掏出手机即可查看消息、通知，使用一些简单的应用程序，部分机型也具有运动、心率追踪的功能，突出全面的应用体验。

例如，华为 WATCH 支持中文语音识别和命令，支持国内知名地图导航服务，支持支付宝等应用，具备信息提醒功能，支持来电、短信、邮件、应用推送等，支持运动状态识别（步行、跑步、攀爬）和运动数据统计（单次、全天）、卡路里统计、站立数据统计、心率检测等。

3．智能眼镜

智能眼镜是指如同智能手机一样拥有独立的操作系统，可以通过软件安装来实现各种功能的可穿戴的眼镜设备的统称。

2021 年 12 月 23 日，在华为冬季旗舰新品发布会上，全新的华为智能眼镜正式出现在了大众面前。华为智能眼镜的主要功能包括早安问候、重要信息提醒、颈椎健康提醒、智慧生活场景自定义添加、手势调节等。

目前的智能眼镜没有统一的标准，实现的功能也各有不同，智能眼镜未来还有很长一段的路要走。

4．头戴式显示器

头戴式显示器通过一组光学系统（主要是精密光学透镜）放大超微显示屏上的图像，将影像投射于视网膜上，进而呈现于观看者眼中。效果类似于放大镜呈现出的放大的虚拟物体图像。

头戴式显示器能以比普通显示器小得多的体积产生一个广视角的画面，通常视角都会超过 90°。因为对应左、右眼的显示屏通常是完全独立的两个显示屏，所以头戴式显示器一般都支持立体影像的播放。

伴随着科技的发展，集娱乐、通信、游戏于一体的手持式娱乐设备成为发展的方向。为了轻巧便携，手持式娱乐设备屏幕在 3 英寸（1 英寸 =2.54 厘米）左右，屏幕成了这一行业高速发展的瓶颈，头戴式显示器的出现突破了这一瓶颈，其让用户在手持终端上玩什么都能有震撼感，享受视觉盛宴。

世界范围内的各大厂商都在争相推出虚拟现实游戏。头戴式显示器是玩虚拟现实游戏不可或缺的部件，能让游戏者在封闭环境中，体验身临其境的感觉，增强游戏的趣味性和逼真效果。

5. 智能服装

衣服是人类的生活必需品，为什么不将其科技化、智能化呢？一些厂商已经开始研发智能织物，让服装具有更多先进功能。

目前，智能服装基本上采用了两种设计形式。一种是利用集成肌电图、心电图等传感器织物，监测用户的身体状态，有具体的运动监测效果。例如，深圳智裳科技有限公司生产的智能服装，将柔性传感材料织入服装面料中，该织物可以实时监测并收集用户身体健康数据，如心电图、心率、血氧血脂等。服务器大数据对健康数据进行分析计算，得出体检报告，实现疾病的实时监测、预警，此外还可以指导用户科学运动。

另外一种智能服装，则突出情感表达、社交体验，如一些设计师设计的造型夸张、内置 LED 灯或使用可随环境变化材质的服装，实穿性不强，但并不排除未来会在某些场合下发挥作用。深圳智裳科技有限公司设计的智能发光变色婚纱礼服，是一款可以随穿着者心情变换颜色的衣服，穿着者可以通过 App 智能操控实现服装颜色的调节。

目前多数可穿戴设备仅在健康运动方面使用较为普遍，而在医疗、金融支付等改善人们生活质量等方面的垂直细分领域的开拓仍然不足。尤其是医疗智能穿戴行业，由于目前仍处于发展阶段，产品不仅涉及高科技，还涉及专业的医疗知识，如何通过大数据平台形成"闭环效应"，对使用者的健康生活给予合理建议，决定了医疗细分领域未来发展的方向。

5.2.3 智慧食堂

大多数上班族或学生都有在食堂就餐的经历，很多人经常会遇到这样一些情况：食堂排队的人太多了；有时因加班错过了饭点；饭卡充值不方便，补办也很麻烦；如果对饭菜有意见，也没有有效的信息反馈渠道。同时，对于一些企业来说，食堂的档口多，很难统一管理，财务统计信息烦琐，无法细致管理，常常会造成亏损；对于食品安全问题难以进行有效监管。而食堂面临的问题则是：愿意来食堂吃饭的人越来越少，很多人觉得食堂饭菜不可口；饭菜浪费严重。建设智慧食堂可以大大改善这些问题。

1. 什么是智慧食堂

智慧食堂通过智能软硬件设备提供智慧点餐、食堂管理、进销存管理、智慧后勤等系统解决方案，实现对食堂的就餐、互动、采购、生产、售卖、经营分析等全流程服务管理，有效提高就餐者的满意度和食堂的智能化管理水平。

（1）系统前端提供智能点餐和餐柜预订功能，就餐者可实现多途径订餐，提前预订并快速取餐，可预订餐柜提供餐食保温功能，保证随时吃到热饭；采用二维码支付、人脸识别支付、支付宝支付、微信支付等多种支付方式，可免去带饭卡的麻烦。

食堂提供智能点餐终端，就餐者可在现场自助点餐；食堂提供自助选餐结算模式，能够有效解决排队问题，降低食堂人工成本；就餐者按需选餐，减少浪费。固定价格的自助餐通过带有射频技术的餐具或者通过图形识别自助结算价格。对于称重菜自选模式，取餐前，就餐者通过人脸信息绑定终端完成注册，随后刷脸绑定餐盘即可进行取餐就餐；取餐时，就餐者在称重就餐一体机上按需取餐，备餐台自动显示菜品热量、金额等信息；取餐完毕后，就餐者可以立即用餐，系统实现自动扣费。

（2）食堂管理后台通过系统获取预订信息，精准备餐，大大节省食堂采购、库存、人工等经营成本；系统可随时对菜品销售情况进行统计，并收集来自就餐者的菜品点评信息，基于营养大数据，智能提醒就餐者合理健康饮食；将餐食的加工制作过程通过食堂大屏幕多画面、多角度展示，让就餐者随时查看，真正实现明厨亮灶；为了保证食品安全，食堂要进行食品留样管理，对于留样食品，要进行信息标签打印、拍照留存和数据上传，并生成二维码，实现食品信息可查询追溯。

（3）企业管理后台通过 ERP 系统进行进销存管理，及时进行成本核算，对多个食堂以及食堂的多个档口进行统一管理；财务信息统计方便、快捷、准确，可以实现有效的系统管理和数据分析。企业管理后台的主要功能包括以下几项。

① 采购管理。管理者可设置采购定价，为采购人员提供参考；通过供应商竞价、询价，优化原料购买渠道、降低原料成本；系统可对各供应商提供的原料信息进行多维度对比，统计数据并显示供应价格趋势，帮助食堂合理采购。系统通过询价来选择供应商，既提高采购工作效率，又使采购公开透明，便于监管。

② 库存管理。ERP 系统可实现多库存管理，多库存数据联动。该系统借助蓝牙电子秤和手持终端，使库存出入库准确，原料调拨、库存数据清晰明了。

③ 财务管理。ERP 系统以食堂订单为主线，进行成本核算、财务核算、营收分析，大大提高了财会人员的工作质量和工作效率。

④ 决策分析。多维度分析食堂日常经营数据，支持查看盈亏。根据日、周、月、年收入，菜品销售、就餐人数等大数据，食堂管理人员可进行决策调整。

小故事

河北港口集团的智慧食堂

（1）食堂之前的情况

河北港口集团共有员工 15 000 人，有 10 个自营食堂，3 个超市，食堂有 48 个档口，每餐就餐人数达 7 000 人，主要为内部职工。

午餐就餐高峰期大约为半小时，档口排队现象严重，就餐环境嘈杂；公司员工经常因为加班错过饭点，没有热饭吃；食堂每天全凭经验备餐，备少了怕不够卖，备多了又剩下好多，浪费严重；食堂的支付方式主要是云普一卡通支付，每日对账工作量很大。

（2）食堂的诉求

① 减小就餐高峰期的出餐压力。

② 解决饭卡易丢失、充值饭卡麻烦的问题。

③ 提升档口点餐效率，减少排队时间。

④ 让员工随时吃上热饭。

⑤ 避免食堂剩餐太多，杜绝浪费。

⑥ 让大家实时监督后厨卫生，放心就餐。

⑦ 解决食堂档口多的管理困难问题。

⑧ 减少财务对账成本。

⑨ 提升就餐满意度，树立良好的企业形象。

（3）智慧食堂的落地方案

手机 App 和自助点餐机点餐；线上充值及刷脸支付／扫码支付；提前订餐、自助取餐、智能结算；智能餐柜取餐。这些措施，提高了点餐、支付、取餐的效率，省去了带饭卡的麻烦，减少了排队时间。

通过提前预订和生产计划，食堂可实现精准备餐，减少浪费；对餐食的加工制作过程实时监控，并让就餐者随时通过手机进行查看，真正实现明厨亮灶；智慧食堂系统后台对所有食堂和所有窗口进行统一管理，智慧食堂系统进行详细准确的经营统计并得出详细的财务报表；智慧食堂为员工提供了现代化、科技感十足的就餐体验，并根据员工的点评互动，收集反馈信息，不断改进。

河北港口集团智慧食堂的实施成效可以用两个数据说明：点餐效率提高26%，排队时间节省21%。

2. 智慧食堂"智"在哪里

（1）智慧食堂"智"在分析

在智能支付的过程中，智慧食堂系统可以获取菜品消费的数据，从而与用户建立联系，分析其就餐喜好。在食堂设置营养信息显示器，当就餐者将选好的食品放置在显示台上时，智慧食堂系统将自动读取并汇总出食品的热量、蛋白质、脂肪等营养元素的量，为就餐者提供具有针对性的健康建议和个性化的消费导向。

（2）智慧食堂"智"在管理

在食堂经营过程中，当遇到就餐高峰期时，排队难、就餐难成了普遍的现象。智能化结算系统采用自选模式，系统自动结算，精准无差错，大大节省了人工费用，食堂经营成本下降，就餐环境也更加有序。

（3）智慧食堂"智"在支付

利用智慧餐台这样的智能硬件设施，支持手机扫码支付等多种支付方式，在就餐过程中避免找零，大大提高了结算效率和就餐体验。

总之，智慧食堂提供了智能便捷的支付方式，提高了就餐效率；实现了精准备餐，定制营养搭配；实现了统一管理、经营统计分析；在降本增效的同时，提高了就餐者的满意度。

3. 智慧厨房

智慧食堂里不可或缺的还有智慧厨房。在长虹公司的智慧厨房，消费者可以通过手机点餐、支付、取餐，厨房机器人按照预制菜谱制作工序智能完成菜品制作、出锅、清洗等动作，供需交易平台完成食材入库、食品溯源、供货等流程。

其中，净菜车间是整个智慧厨房系统的枢纽，连接种植、供应链、厨房机器人等，集物流与配送中心于一体，实现食材标准化、转运容器标准化、料包标准化。

厨房机器人负责最终菜品的烹制，自动投料、自动炒菜、自动清洁，5台设备只需一人操作。

长虹厨房机器人采用电磁加热系统，可在 0～300℃精准控温，冷却状态下锅壁温度可在10秒内提升至80℃；针对川菜中特有的爆炒菜品，炒菜温度可恒定在200℃以上。同时，厨房机器人还掌握智能滚炒技术，面对大分量的食材也能使其受热均匀，防止食品半熟。油烟自洁系统实现水渣分离、水油分离、水汽分离,让后厨始终保持整洁干净。

智慧厨房通过数据打通农场种养、净菜加工、冷链配送、智能烹饪、手机点餐、食材溯源等全流程,实现"端云一体"。

厨房机器人后台系统将能源消耗、食材品质、食客反馈等数据实时反馈给食材供应商、农场、后厨等环节,形成食品溯源、定向种植、订单采购、菜谱优化、能源管理等数据,不仅可以减少当前团餐大量的食品浪费现象,还提高了食品流通环节的效率,避免盲目种植与采购。

目前,长虹菜谱研发团队已经实现了回锅肉、宫保鸡丁、鱼香肉丝、麻婆豆腐等65 个菜品标准化制作。未来,随着菜谱研发的深入,将推出更为丰富的菜品。

可以想象,在将来的某一天,下班后一身疲惫的你,回到家里进入智慧厨房,一堆高科技产品伴随左右,也许只用动动嘴,或者稍微动动手,一桌丰盛的晚餐就可以摆上餐桌。

本章小结

本章主要介绍了互联网为消费者带来的全新的消费模式和消费体验,探讨了互联网时代的"大数据杀熟"以及消费维权问题,分析了基于互联网的新技术为公众带来的智慧生活新体验。通过对本章的学习,读者可深入了解互联网给每个人的生活带来的影响,比较深入地理解智慧生活的内涵,明确新技术发展趋势,树立互联网时代的消费维权和个人信息保护意识。

本章思考题

1. 如何理解"互联网＋"背景下消费模式的新常态?

2. 为什么淘宝要推出"千人千面/个性化"算法?是如何实现的?

3. "互联网＋"时代如何进行消费维权?

4. 你最喜欢的智能穿戴设备是什么?为什么?

5. 智慧食堂的建设能够改善哪些问题?"智"在哪里?

6. 你心中的智慧厨房是什么样的?

第 6 章
"互联网 +" 创新应用场景

　　"互联网 +"作为一种全新的经济形态，推动我国经济不断地发生演变，从而使社会经济实体焕发出新的生命力，为改革、创新、发展提供广阔的网络平台。在消费、生产、流通、生活以及社会治理等各个领域都发挥着巨大的作用。

　　本章主要分析互联网在党建、乡村治理、医疗健康、城市管理领域的应用，探讨"互联网 +"如何与党建领域、乡村治理领域、医疗健康领域、城市管理领域实现跨界融合，介绍智慧党建、智慧乡村、AI 医疗、智慧城市等平台建设以及具体的实施路径。

本章学习目标

1. 知识目标

（1）了解"互联网 +"带来的一系列新技术的应用领域以及产生的影响。

（2）了解基于新技术的组织变革及管理创新。

2. 能力目标

（1）了解新技术应用现状及发展趋势，树立创新意识。

（2）培养运用创新思维分析解决实际问题的意识和能力。

3. 素质目标

（1）能够运用正确的方法和技巧掌握新知识、新技能，具有独立思考和创新能力。

（2）关心国家经济社会发展以及社会治理创新，培养主人翁的责任感。

（3）理解党建与社会管理创新的目的及成效，培养民族自豪感。

引导案例：**海口城市大脑**

　　海南省海口市政府围绕建设海南自由贸易港的要求，贯彻落实《智慧海南总体

方案（2020—2025 年）》，于 2018 年 10 月启动"城市大脑"项目，致力于用数字化思维重塑城市管理和服务模式。

经过 3 年的建设，海口市已经建立起了"1+2+2+N"智慧城市总体框架体系，即"1 朵云"平台、2 个中台（数据中台和业务中台）、2 个门户（公众服务门户和政府工作门户）和 N 个应用（在智慧政务、智慧交通、智慧医疗、智慧文旅、智慧物联五大领域先行试点）。

海口市构建了市一体化在线政务服务平台，开启过程透明的"一网通办"新模式，全新打造掌上办理平台"海好办"，为群众及企业提供场景式办事体验等，实现政务服务从"能办"到"好办"。目前，海口"城市大脑"的建设管理经验、业务成果也正陆续推广复制到其他省区市。

思考题：

1. 你对"城市大脑"的理解是什么？

2. "城市大脑"建设的意义是什么？

6.1 "互联网 + 党建"

党的十八大以来，"互联网 + 党建"进入了大发展、大繁荣时期，涌现出智慧党建、大数据党建、微党建、党建云等多种党建新形式。

6.1.1 "互联网 + 党建"的内涵

"互联网 + 党建"的内涵可以从三个层面来理解。

（1）从技术层面理解，"互联网 + 党建"就是利用互联网技术对党建工作进行升级再造，提升党建工作效率。这种"互联网 +"党建形态经历了三个发展阶段。

第一个阶段：Web1.0 党建。Web1.0 党建将互联网作为现实空间的镜像，把现实中很多党建和党务工作直接搬到网上，促进了党务公开，提高了宣传绩效，提高了沟通效率。

第二阶段：Web2.0 党建。在新媒体上设立公共账号，传播信息、展示形象、加强互动，在 PC 端、移动端建设党建信息系统，把党员教育、党员发展、党费收缴、党员管理、党务考核等纳入该系统，借助网络信息技术手段规范和创新党建工作。

第三阶段：Web3.0 党建。以大智移云提出为起点，探索利用大智移云技术和逻辑，将党务与大数据深度结合，构建智慧党建运行管理模式。目前这一模式仍处于探索之中。

（2）从思维层面理解，"互联网＋党建"就是利用互联网思维改进党建工作模式及流程的党建新形态。随着互联网技术的迅猛发展，技术工具对个体思维和组织意识形态的塑造作用越来越强，互联网思维对党建的理论和实践工作都产生了极为深刻的影响。各级党组织开始以"网络为体，创新为用"的思路实施"互联网＋党建"，用互联网技术和逻辑，特别是互联网思维重新审视和改造传统党建工作，这成为一种党建新形态。

（3）从对象层面理解，"互联网＋党建"就是"互联网＋"与党建领域的跨界融合，是互联网纵向进入各级党组织，横向进入企业、农村、机关、学校、科研院所、街道社区、社会团体、军队和其他基层单位所形成的党建新形态。

6.1.2 "互联网＋党建"的特点

1．科学性

利用智能软件，根据各级党组织的需要，依靠科学的方法搭建党建工作流程，为党务工作人员提供帮助，根据党员使用后的反馈做出科学的调整，以改善党建工作效果。例如，学习党规党章，开展"两学一做"，进行党员评优，召开党员会议等，确保每一个环节有序开展，有效落实。

2．移动性

移动智能时代的到来推动了移动终端的普及，在互联网党建平台的支持下，党员、党务工作者只需要下载App，就可以随时随地通过党建小程序工作、学习、开展党建工作。党建深入党员生活的各个层面，促使党建工作深入发展。

3．互动性

传统的党建模式是一对一的模式，互联网党建平台打破了传统党建工作中单向沟通的局限，利用平台上的互动功能，实现党员与党员之间、党员与群众之间、党员与党委领导之间的多维互动，从而活跃了党建工作的氛围，提高了党员的参与度。

4．实时性

在智能手机、个人计算机普及的背景下，利用应用软件可让平台与每个党员建立联系，并保证信息在手机、计算机上的同步更新。比如，在党员量化考核过程中，及时组织在线学习、考试，推送知识库，以保证思想政治教育内容的实时更新。

5．智能化

互联网党建平台打破了传统工作模式中，党务工作者全面控制党建工作形式与内容的局限，利用信息数据的收集与分析，对党建工作进行规划。这不仅减少了党务工作者的工作量，还限制了人为因素的主观作用，用大数据分析结果指导党建工作，及时分析各个环节、各个领域的工作效能，针对问题实时预警，充分体现互联网党建平台的智慧。

6.1.3　智慧党建云平台

随着时代的发展，各地党组织建设的党建网站、党员学习平台等单一平台，已经不能满足党建工作的要求，各地党组织纷纷开发"智慧党建云平台"，将党务、学习、活动、监督、工作、宣传等内容整合在一起，实现了党员、党组织的全流程数据化跟踪。

智慧党建云平台的总体框架可以概括为"一云三库六平台"，其中，一云是指党建系统全部上云，三库是指党员信息库、党员行为库、教育资源库，六平台主要包括以下内容。

1．党务管理平台

党务管理平台可在客户端对党员、党组织进行线上工作管理，有利于工作人员对党建工作相关内容进行统一管理和整体把控，在线上接收群众信息并进行解答，实现党建工作的信息化。

2．教育学习平台

教育学习平台为党员架起了学习的桥梁，是将学习专题活动、网络党校、考试中心、党员学习笔记等整合为一体的综合性学习平台，可以不断激发党员的学习积极性，有助于党员思想觉悟、整体素质的提高。

3．宣传资讯平台

宣传工作一直是我党的优良传统和政治优势，始终与党的事业同行同进。宣传资讯平台是党建工作的门户，将各地党组织的动态及党建工作的内容和资讯，在 PC 端、App 等各种终端进行展示，打通了信息传递的"最后一公里"。

4．活动创新平台

可以在党建活动创新平台上进行"三会一课"、品牌党建、民主评议会、组织生活会、主题党日、志愿者服务等活动的策划与实施，并且可以将党建活动内容和资讯在各种终端进行展示。

5．交流社交平台

在交流社交平台以党支部、党小组或专题党建小组为单位来建群，使党员之间、党员与党支部、党小组之间的交流更加方便；可以发送语音、图片、视频，或分享外部链接；设置 App 内的公众号，主动订阅感兴趣的公众号。

6．考核监督平台

考核监督平台主要实现对党员和党组织工作进行线上监督和管控，可以在平台上对党员考勤进行监督，对下级党组织活动场所及基层党组织会议进行跟踪管理；可以在考核监督平台上设置党建工作看板，将党员和党组织相关工作及活动信息以图表的形式展现，使人一目了然。

小故事

福建厦门——打造"指尖上的党务管理抓手"

在 2018 年举办的"互联网＋基层党建"典型创新案例评选活动中，福建省厦门市委组织部推出的创新案例——打造"指尖上的党务管理抓手"，获得一等奖。厦门市积极运用"互联网＋"的思维，自主研发了"厦门党建e家"信息化平台，2017 年 5 月正式在全市推广使用，全市 1 万多个基层党组织和 20 多万名党员全部纳入平台管理。

作为面向全市强化基层党组织建设和党员队伍教育管理服务的信息化管理平台，"厦门党建e家"共开发了党组织管理平台、党员服务平台以及手机微平台，80% 以上的基层党建业务实现平台在线处理。

"厦门党建e家"把先进的信息技术、网络优势与基层党组织的政治优势、组织优势结合起来，有效破解了传统党建工作中党员办事难、党组织管理难、上级督导难等问题，逐步实现工作规程制度化、规范化，党员教育管理严格化、系统化，考核指导便捷化、精准化。取得的主要成绩如下。

（1）规范了党内生活。平台将基层党组织基本建设任务和党员应当履行的基本义务进行了量化和具体化，上级党组织通过随时调阅工作台账、查看积分情况，动态跟踪并实时掌握党建工作责任制的落实情况，及时了解下级党组织开展活动的情况，及时进行督促指导，使全面从严治党真正实现全覆盖。

（2）激活了"神经末梢"。党员可以不受时间和地点的限制，通过手机随时随地了解党建动态、收看精品视频、学习文件制度，还可以参加线上"三会一课"、学习测试。该平台作为线下党组织生活的补充和拓展，进一步丰富了党员组织生活、学习教育的内容和方式，满足了不同层次、不同领域、不同行业党员的个性化需求。

（3）拓展了服务功能。平台提供学习教育、办理业务、咨询求助、建言献策等在线服务，为党员履行基本义务、享有学习教育权利提供了更加便利的条件，党员可以通过平台申请转移党组织关系、按月交纳党费等，实现"一机在手、党建随行"的目标。

总之，"互联网 + 党建"不只是技术层面，更是工作方法、思维观念的一次全面的创新变革。"指尖上的党建"是新趋势，更是新要求，如果说互联网有了党建引领，可以走得更快更稳，那么党建插上互联网的翅膀，理应飞得更高更远。

6.2 "互联网 + 乡村治理"

乡村治理创新是实现党的十九大提出的"乡村振兴战略"的重要举措。2019 年 6 月，中共中央办公厅、国务院办公厅印发的《关于加强和改进乡村治理的指导意见》中指出：到 2035 年，乡村公共服务、公共管理、公共安全保障水平显著提高，党组织领导的自治、法治、德治相结合的乡村治理体系更加完善，乡村社会治理有效、充满活力、和谐有序，乡村治理体系和治理能力基本实现现代化。

随着互联网的快速发展，大数据、云计算、物联网等新技术不断融入老百姓的日常工作和生活，对每个人的工作、生活方式都产生了显著的影响。因此，互联网既是乡村治理创新的技术基础，也是必不可少的创新基因。

6.2.1 "互联网 + 乡村治理"的必要性

互联网技术的普及，打破了信息资源的垄断，为村民获取信息提供了各种各样的渠道，村民能够更加积极平等地参与乡村治理，拥有更多的发言权。

移动互联网的发展，为村民的沟通交流与协作提供了跨越时空的便利，大数据、云计算等新技术为乡村治理创新提供了技术支持。面对日趋复杂的乡村治理环境，将"互联网 +"的创新基因和创新能力应用于乡村治理显得十分必要。"互联网 + 乡村旅游""互联网 + 生态农业""互联网 + 乡村金融"等"互联网 + 乡村治理"的发展模式不断涌现，这些新模式逐渐影响和改变了人们的认识和思维，人们以一种更加开放的心态来看待和接受互联网给中国农村带来的新变化。

6.2.2 "互联网 + 乡村治理"的可行性

互联网技术尤其是移动互联网的飞速发展，为广大网民在公民意识、舆论话语权、利益维护等方面带来了一些显著的影响。

（1）通过互联网，网民的公民意识、主人翁责任感得到了极大的增强，如任何地方的一件公共事务经过互联网的传播和广大网民的参与，会很快演变成全国性的公共事务，这种再社会化的过程会迅速扩大公共事务的传播和影响。

（2）互联网的发展催生了大量自媒体。与传统媒体相比，自媒体的成本更低、效率更高、传播渠道更加多元化、自由度更高、发布的信息内容更贴近发布者的真实意思。

（3）在平等交流的互联网环境下，网民更加注重自身利益的维护，并且维护自身利益的渠道和手段也更加丰富。例如，在网上参与某件公共事务的大部分网民与该事务并没有直接利益关系，有些人出于道德原因，有些人出于自我保护目的，帮助利益相关者争取应有的权利。互联网的这些特征及影响为"互联网 + 乡村治理"提供了可行性，互联网与乡村治理的融合，是实现农村经济数字化转型和乡村振兴战略的必经之路。

6.2.3 "互联网 + 乡村治理"的实现路径

乡村治理困境产生的一个至关重要的原因，就是广大乡村地区普遍存在的信息不对称现象。在乡村治理过程中，信息不对称现象主要存在于地方政府部门与村委会之间、城市与乡村之间、村委会与村民之间、外出务工人员与留守人员之间。信息不对称导致的资源配置不均是乡村治理过程中众多问题和矛盾的主要根源。而互联网作为解决信息不对称问题的重要方式和有效工具，是"互联网 + 乡村治理"的突破口。

1. 以"网格党建"引领乡村治理创新

基层党组织的领导作用和广大党员的模范带头作用是实施乡村振兴战略的方向引领和坚实基础，要强化党在农村工作中的领导地位，完善党的领导体制机制，必须加强基层党组织建设，因此，乡村基层党建工作是乡村社会治理的重要前提和保障。

网格化管理最早出现在城市社会治理领域，在城市社区治理方面得到了非常广泛的应用。"网格党建"就是把网格化服务管理机制与农村基层党建工作融合，将"管理"

转变为"服务",使得农村基层党组织可以有效发挥政治功能。

（1）建设好党的乡村工作领导体制机制，党组织的建设目标要紧紧围绕服务功能来制定，也就是如何为乡村基层群众提供个性化、优质化的服务。划分的网格要覆盖所有党员，选出责任心强、热心为群众服务的党员来做网格员，真正实现每名党员都在网格中，确保"网格党建"工作在统一的部署下，严格有序地推进，最后全面铺开。

（2）构建为村民服务的多元化平台，提高服务群众的能力和水平。例如，建立信息管理服务数字化平台，进行信息资源整合，对网格内的各类基础信息数据进行采集、录入，移动终端就是一个个"党员责任岗"，手机号便是服务群众的"客服 ID"，在移动终端上及时接收、转办、反馈群众反映的各种问题，上报动态信息，真正实现"即时微距"的便民服务。

2. 以"社区营造"推动协同治理机制的形成

"社区营造"是社区的一种"自组织、自治理、自发展"管理模式，在政府部门相关政策措施的引导下，通过社区居民自发以及一些社会组织的帮助，共同解决社区的一系列问题，比如社会福利问题、经济发展问题、社区和谐问题等。在多方协同治理的过程中，社区的集体社会资本会明显增加，实现了社区自我治理的目标。"社区营造"模式的突出特征是强调居民对社区事务的主动参与和自主营造，区别于之前的政府主导、居民被动接受援助的模式。

乡村"社区营造"的价值主要体现在调动村民参与乡村公共事务的积极性和创造性，让大家在自我治理当中建立新型社群关系，营造一种积极向上的社区氛围，积极培育和践行社会主义核心价值观。

乡村"社区营造"模式要激发乡村活力，不仅是转变理念和模式，更重要的是选好乡村"社区营造"的带头人。带头人应该推选热爱家乡、决心改变家乡面貌的有志者，因此，一心为公、无私为民的地方政府官员，有热情、有知识、有技能的知识分子，有事业心、有成就、有影响力的乡村精英，将会成为乡村"社区营造"的主要推动力量。

3. 以"智慧乡村"推进信息化服务管理格局

"智慧乡村"是指以信息化、一体化管理为基础，运用互联网、云计算、物联网等先进技术，对乡村的相关信息进行智能化的收集、处理及运用，将信息化融入乡村经济社会活动的每一个环节，最终实现乡村管理的"智能化"。

"智慧乡村"建设是一个长期性的系统工程，当务之急是构建覆盖县、乡、社区的多层次的网络系统，打造互联互通、功能完善的乡村信息共享体系，建立以政府为主导，村民及社会组织高度参与的资源共享平台。在这个平台上，政府部门既可以为社会提供各种免费信息，大大降低社会组织和村民获取信息的成本，提升政府部门的服务形象，又可以统筹管理，有效利用各种信息，提高对乡村社区的管理服务水平，减少信息不对称造成的资源浪费及逆向选择等问题；企业、社会组织可以免费获取各种有效信息，为参与社区管理、进行项目投资决策提供准确的依据；广大村民可以及时了解政府部门的相关政策以及各种村务信息，积极为乡村社区的治理建言献策，对基层进行监督，全面实施村级事务阳光工程，还可以及时了解各种农产品的市场需求信息，实现农产品的精准营销，提高农产品的销售收入。

4. 以"大数据"建立乡村风险预警机制

农业农村大数据是"现代农业新型资源要素"，大数据技术也是乡村治理创新最重要的技术基础，基于大数据技术可以建立全方位的乡村风险预警系统。

（1）建立乡村社会稳定预警系统。从政府工作、个人生活、乡村社会环境、未来发展等方面建立指标体系，通过网络调查或实地问卷调查的方式，实时收集村民的反馈信息，进行数据分析，找出群众反映强烈、关注度高的问题，及时加以解决。

（2）建立农业生产环境监测预警系统。构建农业生产环境信息共享机制和农业生产环境数据库，提高自然灾害预警和防范的能力，保障农作物的增产增收。

（3）建立农产品质量安全溯源系统。溯源信息平台将农产品整个生命周期的信息实时准确地提供给消费终端，保证农产品的质量安全，实现农产品的优质优价。

（4）建立农产品产销信息监测系统。对农产品电商、农产品期货交易、农产品批发市场等交易信息进行实时监测分析，加快对农产品生产加工数据、农产品消费数据的采集，建立覆盖全产业链的数据监测分析系统，实现农产品产销的精准对接。

总之，"互联网 + 乡村治理"是互联网时代解决"三农"问题的有益尝试，只有通过方方面面的共同努力，从"互联网 +"中汲取乡村治理的新动能，建设充满活力、和谐有序的乡村社会，才能不断增强广大农民的获得感、幸福感和安全感。

6.3 "互联网 + 医疗健康"

2018 年 4 月，国务院办公厅发布了《关于促进"互联网 + 医疗健康"发展的意见》，互联网医疗是互联网在医疗行业的新应用，包括了以互联网为载体和技术手段的健康教育、医疗信息查询、电子健康档案、疾病风险评估、在线疾病咨询、电子处方、远程会诊及远程治疗和康复等多种形式的健康医疗服务。互联网医疗代表了医疗行业新的发展方向，有利于解决我国医疗资源不平均和人们日益增加的健康医疗需求之间的矛盾。

6.3.1 "互联网 + 医院"

医院开通网上预约挂号、移动缴费功能，替代人工窗口；建立医疗信息共享平台，让患者可以自助查询检查报告、影像信息等医疗数据，让患者可以更方便地搜索各种医疗信息，使患者就医更加方便快捷。

小故事

北京协和医院官方 App——开启"互联网 +"就医新体验

北京协和医院为改善患者就医体验，解决患者挂号辛苦、黄牛倒号等问题，开发了北京协和医院官方患者 App，将院内服务向院外延伸，患者通过移动智能终端可以随时随地获取诊前、诊中、诊后一站式的医疗服务与信息，建立了患者与医院之间持续、连贯的沟通新渠道。该 App 提供的主要服务如下。

（1）诊前——预约挂号

预约挂号功能切实改善了患者现场挂号难的问题，患者在家就可以轻松挂号。App 预约挂号占比不断增加，已经达到近 85%。该 App 上线后，不断进行迭代优化，根据不同患者的挂号需求，陆续上线了当日挂号、患者复诊预约挂号、其他平台预约取号等功能，更多的患者选择通过北京协和医院官方 App 进行挂号。

（2）诊前——在线建档

针对医院外地初诊患者较多的现状，App 上线了新患者在线建档功能，在线建档后可直接在线预约挂号，省去了初诊病人两地奔波的不便。为防止黄牛倒号，该 App 还对在线建档但未到医院进行认证建卡的患者做出了限制，规定未到院认证前只能挂号一次。

（3）诊前——辅诊科室预约

医院陆续在该 App 上为患者提供辅诊科室的预约服务。目前已经实现了部分检查、检验科室的在线预约、改约功能服务，并在体检中心模块为患者提供了个人体检预约和改约服务以及团体预约和改约服务。

（4）诊前——信息查询

出诊信息查询：为患者提供一周内医生出诊信息的查询服务。

服务指南：提供患者院内就医流程的服务指南。

专科专病：介绍医院特有的专科专病及对应医生专业组，并为患者提供各类专病的病情知识介绍、专家推荐，以及订阅专病知识等服务。

（5）诊中——门诊报到

随着院前业务趋于平稳，医院开始将该App的功能重点转向如何改善患者全流程就医体验，开发了该App门诊报到功能，通过与定位技术的结合，实现控制报到范围，患者在距离医院一定范围内才能进行报到操作。

（6）诊中——候诊查询

针对诊室门前人员拥堵的情况，该App为患者提供了候诊查询功能，因此，排队比较靠后的患者没有必要等候在诊室门口。该App还提供了提醒服务，患者可通过该App自行设置队列人数提醒闹钟，该App可实时根据队列情况来提醒患者。

（7）诊中——自助缴费

该App提供了自助缴费功能。在部分诊区没有自助机或者缴费人数过多的情况下，自费患者可直接用手机进行缴费，免去了排队时间。缴费成功后，该App会为患者推送电子导诊单，告知患者后续就诊流程，比如去几楼几号窗口取药、去几层预约检查、去几层采血等。

（8）诊中——住院病历建档

该App优化了住院流程，患者通过该App进行在线住院信息填写后直接保存到后台，可免去窗口填写基本信息的步骤，大大减少了窗口的工作量及患者在窗口排队等候的时间。

（9）诊中——电子就诊卡

患者到各个窗口办理业务只需要使用该App的电子就诊卡二维码，该App电子就诊卡使用动态加密的二维码，并且设置了使用有效期，以保障患者电子就诊卡安全。

（10）诊中——手术查询

本着改善患者就医体验的宗旨，该App推出了患者手术进展查询的功能。患者家属可随时随地查询患者的手术进展情况，改变以往只能在手术候诊大厅等候的场景。

（11）诊后——报告查询

该 App 提供了检查报告、检验报告、体检报告查询功能。不需要纸质报告的患者可直接通过手机查看各类报告结果。这种方式不仅便利了患者，也为医院节省了资源。

（12）诊后——满意度调查

通过该 App 满意度调查功能，医院根据患者提供的反馈结果，逐步优化完善就医流程及管理细节。

小故事

同仁医院的"影像云"

同仁医院于 2018 年 5 月上线了医院移动影像云平台，简称"影像云"，在保障数据安全的基础上，将影像资料存储在云端，提供移动影像服务。影像云的服务对象为广大患者和临床医生，影像数据从医院存储转到云端，突破了医院存储硬件的限制，提高了医院影像数据存储的安全性和扩展性，以"互联网＋医学影像"模式代替了传统的"牛皮袋＋医用胶片"模式，实现了信息化、网络化数据共享。系统的服务内容如下。

（1）影像数据云归档。将院内的放射影像数据上传至影像云平台进行归档存储。影像云平台归档时，对影像数据进行加密，确保归档数据和提取数据的安全性和一致性。

（2）院内移动影像调阅。目前该功能已成功运用到院内移动查房，与医院的移动医生查房系统 App 无缝集成，实现临床医生通过平板终端对住院患者放射影像数据的移动调阅和浏览。

（3）患者"云胶片"服务。患者只需关注同仁医院微信公众号，绑定本人就诊卡号，就可以获取本人一年内的放射影像数据，极大地提高了医院诊疗效率，降低了患者的就医成本。

（4）患者影像数据分享。影像云提供了检查报告和影像的分享功能，便于患者将本院的检查报告和影像数据安全、便捷地分享给其他医生浏览。经患者授权分享，外院医生能看到患者的影像资料，不仅节约了患者的费用，还节省了就诊时间。

6.3.2 互联网医疗健康服务平台

近年来，我国居民健康素养水平逐年提高，越来越多的人关注健康需求，在我国人口老龄化逐渐加剧、优质医疗资源供给不足的情况下，在医改、分级诊疗、互联网、人工智能、大数据等诸多因素的影响下，互联网医疗迅速发展。

1. 互联网赋能医疗，造就一批成功的互联网医疗服务平台

例如，阿里健康是一个综合性的健康商城，开展的业务主要集中在医药电商及新零售、互联网医疗、消费医疗、智慧医疗等领域。好大夫在线是知名的互联网医疗平台，拥有国内最大的线上分诊、医助及质量监管团队，微医是知名的移动互联网医疗健康服务平台，可提供预约挂号、在线就诊、电子处方、在线配药等全方位的医疗服务。

小故事

平安好医生 App

目前，互联网医疗已将更多目光投向全生命周期的健康管理，通过协调平台与医生团队，将服务范围从单纯医疗延伸至全健康流程，构建起以居民健康为中心的闭环服务。

平安好医生的服务模式是，每个用户都会有属于自己的医生。这些专属医生来自平安健康覆盖的 20 个科室、2 000 人规模的自有医疗团队。在 4 个不同的场景中，这些专属医生可以为用户提供"一人一医"的全科医生服务。这 4 个场景分别是健康服务、亚健康服务、疾病服务和慢病服务。

（1）在健康服务场景中，平安好医生通过自有的三师团队、心理 AI、八大维度专有测评以及超过 100 套的体检套餐，满足用户的健康服务需求。

（2）在亚健康服务中，平安好医生通过自有医疗团队 7×24 小时分诊、问诊，可以实现百分之百跟踪随访，能够严选医疗消费机构，满足患者改善亚健康的要求。

（3）在疾病服务场景中，平安好医生通过 1 对 1 的专案管理师全病程跟踪、名医就医安排以及 35 项癌症早筛套餐满足用户疾病服务需求。

（4）在慢病服务场景中，平安好医生通过 42 种慢病的预测、智能糖尿病管理方案、指标异常预警等服务满足用户的慢病服务需求。

截至 2021 年 6 月 30 日，平安好医生总注册用户数达到 4 亿多，医疗服务

签约合作的外部医生超过3.8万名，AI辅助诊疗系统覆盖超过3 000种疾病的诊断模型，搭建了AI医生助手、自有医生、外部医生、名医4层医生体系。

2. 互联网医疗平台的价值

像平安好医生这一类App，其价值不仅仅是提高效率和准确度，更大价值如下。

（1）解决医疗资源时空分布不均的问题

互联网医疗平台可以解决医疗资源地理上的分布不均；而AI辅助下的效率提升则让医生能够解放手脚，在有效时间内进一步提升有效诊疗数，解决医疗资源时空分布不均的问题。

（2）让专家走进寻常百姓家

绝大多数病人都希望能够找专家看病，但专家的数量有限，所以很多专家一号难求。而通过人工智能技术，互联网医疗平台的医疗AI本身就成了一个汇集众多专家的专家模型。有了根据众多专家经验归纳形成的"医生超级大脑"，医疗平台不仅仅能够让专家走进寻常百姓家，同时也可以赋能更多的基层医生，从而覆盖和服务更多的用户。

小故事

宜昌市的"互联网+医疗健康"

湖北省宜昌市"互联网+医疗健康"项目是面向宜昌市民的一项全民医疗健康工程。基于宜昌市智慧城市良好的信息化基础设施，聚焦市民全生命周期健康服务，运用小程序、可视化以及AI、大数据等互联网新技术，实现全域医疗资源的互联互通，以及线上线下健康服务精准化、智慧化和一体化，探索实现城市级的"互联网+医疗健康"应用场景。

（1）应用场景一：服务触手可及

市民日常生活中，在城市的医院、商场、写字楼、公交站台等任何地方，用户都可以方便快捷地通过微信小程序绑定电子健康卡，并且享受电子健康卡提供的院内就医以及院外健康管理等各类服务，有效降低了用户使用门槛及服务推广成本，真正实现了智慧服务触手可及。

（2）应用场景二：患者精准就医

患者可以通过小程序或者医院服务号实现快速精准就医，避免了挂错科、乱就医、医院专家看诊效率低等问题。患者就医主要涉及3种情况：第一种是"知症不知病"，帮助患者根据症状准确定位疾病；第二种是"知病不知科"，通过小程序或医院服务号就可以快速得到答案；第三种是"直接找医生"，输入医生姓名就可以直达该医生界面挂号，提升了就医效率和体验。

（3）应用场景三：健康精准管理

市民日常生活中，可以方便快捷地通过手机和PC端完成健康智能评估和精准干预。第一，针对慢性病人群、中老年人群，帮助他们提升健康管理意识，培养良好的健康管理习惯，如糖尿病患者血糖监测、健康评估、名医讲解、智能科普、智能随访。第二，针对孕产妇人群，帮助孕产妇方便就医，科学管理孕期健康，如在线建档、产检提醒、孕期报告、健康评估、孕期科普等。第三，针对儿童，帮助父母科学管理儿童健康，如电子健康卡关系绑定、健康评估、疫苗接种提醒等。

6.3.3　移动互联网时代的 AI 医疗

AI医疗以互联网为依托，通过基础设施的搭建及数据的收集，将人工智能技术及大数据服务应用于医疗行业中，提升医疗行业的诊断效率及服务质量，更好地解决医疗资源短缺、人口老龄化的问题。

简而言之，"人工智能＋医疗"是指人工智能技术赋能医疗相关领域的应用场景。

1. AI 医疗的具体应用场景

从我国人工智能医疗领域创业公司和产品的分布来看，AI医疗主要集中在八大应用场景，主要包括健康管理、医院管理、辅助诊疗、辅助医学研究平台、虚拟助理、医学影像、疾病风险预测、药物挖掘等。

因计算机视觉与基因测序技术的发展较快，疾病风险预测和医学影像场景下的公司数量较多，相关产品相对成熟，产品主要以尚未成熟的软件形态存在，算法模型尚处于训练优化阶段，未实现大规模应用，主要面向B端的医院、体检中心、药店、制药企业、研究机构、保险公司、互联网医疗等，业务模式主要以科研合作方式展开。

（1）健康管理

健康管理是运用信息和医疗技术，在健康保健、医疗的科学基础上，建立一套完善、周密和个性化的服务程序，帮助健康或亚健康人群建立有序、健康的生活方式，远离疾病，在出现临床症状时及时提醒就医。健康管理主要涉及营养学场景、身体健康管理和精神健康管理。

① 营养学场景，利用 AI 技术对食物进行识别与检测，帮助用户改善饮食习惯，保持健康的饮食习惯。

② 身体健康管理，主要表现为结合智能穿戴设备等硬件提供的健康类数据，利用 AI 技术分析用户的健康水平，为用户提供饮食起居方面的建议，进行行为干预以帮助用户养成良好的生活习惯。

③ 精神健康管理，主要表现为利用人脸跟踪与识别、情感处理、智能语音、数据挖掘等 AI 技术帮助用户进行情绪管理，对精神疾病进行预测和治疗。

（2）医院管理

医院管理是指针对医院内部、医院之间的各项工作的管理，包括病历结构化、分级诊疗、疾病诊断相关分类（Diagnosis Related Groups：DRGs）、医院决策支持的专家系统等。

病历电子化是病历结构化和挖掘更深层次数据价值的基础，深度学习算法的发展、循环神经网络的发展推动了自然语言处理技术的发展，使病历结构化成为可能。我国自 2002 年以来陆续推出了一系列病历电子化方面的规范文件，推动病历电子化和医疗数据产业化进程，促进医疗体系数字化。

（3）辅助诊疗

除了利用医学影像辅助医生进行诊断与治疗以外，"AI+ 辅助诊疗"还包括以下内容。

① 医疗大数据辅助诊疗，包括基于认知计算、以 IBM Waston for Oncology（肿瘤解决方案）为代表的辅助诊疗解决方案。

② 医疗机器人，是指诊断与治疗环节的机器人。医疗大数据辅助诊疗基于海量医疗数据与人工智能算法发现病症规律，为医生诊断和治疗提供参考。目前主要面临医院数据壁垒、样本量小、成本高和数据结构化比例低（数据未实现电子化，以纸质形式保存）等问题。

（4）辅助医学研究平台

辅助医学研究平台是指利用人工智能技术辅助生物医学相关研究者进行医学研究的技术平台。2014 年以来国家卫计委、国务院相继出台了多个文件鼓励医疗机构及医生进行科学研究。

但我国临床医生工作时间主要用于病患的诊疗，缺乏时间和精力进行科研，另外，我国还存在结构化数据较少、医生统计分析能力有限、科研经费不足等问题。引入人工智能技术构建辅助医学研究平台将有助于解决这些问题。

（5）虚拟助理

类似于苹果的 Siri、微软的 Cortana、天猫精灵、小米的小爱同学等通用型"虚拟助理"，医疗领域中的虚拟助理通过文字或语言的方式，与人交流互动。其属于专用型虚拟助理，基于专业领域的知识系统，通过智能语音技术（包括语音识别、语音合成和声纹识别）和自然语言处理技术（包括自然语言理解与自然语言生成），实现人机交互，解决诸如语音电子病历、智能导诊、智能问诊、推荐用药及衍生出的更多需求。

（6）医学影像

医学影像是目前人工智能在医疗领域热门的应用场景之一，主要运用计算机视觉技术解决三种需求。一是病灶识别与标注：针对医学影像进行图像分割、特征提取、定量分析、对比分析等工作。二是靶区自动勾画与自适应放疗：针对肿瘤放疗环节的影像进行处理。三是影像三维重建：针对手术环节的应用。

（7）疾病风险预测

疾病风险预测主要是指通过基因测序与检测来预测疾病发生的风险。疾病风险预测与精准医学的发展密不可分，人类基因组计划促进基因测序进步，推动商业化进程。

国内致力于疾病风险预测的公司主要有两类。一是掌握基因测序核心技术，研发基因测序仪器的上游企业，其业务模式主要是通过中游合作伙伴做基于测序仪上的应用开发。二是利用基因测序仪，面向 B 端医院和 C 端公众和患者提供测序服务的中游企业，其业务模式则主要是开发测序相关应用，面向 B 端医院或者 C 端公众和患者。

（8）药物挖掘

药物挖掘主要是完成新药研发、老药新用、药物筛选、药物副作用预测、药物跟踪研究等工作，解决传统药物研发的周期过长、研发成本高、成功率低等痛点。

人工智能技术主要用于分析化合物的构效关系（药物化学结构与药效的关系）以及预测小分子药物晶型结构。人工智能可以提高化合物筛选效率、优化构效关系，并结合医院数据快速找到符合条件的病人。

2．AI 医疗目前面临的困难

目前，AI 医疗领域发展过程中遇到的主要问题如下。

（1）人工智能医疗广泛落地的同时，商业化难题困扰各创业企业，商业模式尚不清晰，未产生造血能力，目前行业仍处于普遍亏损阶段，产品大多处于试用阶段。

（2）当前 AI 医疗面临医疗数据孤岛、结构化数据不足、数据标准不统一等问题，导致算法模型训练优化困难，市场教育过程缓慢，医学和人工智能复合型人才短缺。

（3）作为一个特殊的传统行业，医疗健康是一个强监管行业，政策在某种程度上起到了决定性作用。

（4）医院、医生和 AI 医疗企业也需要建立互信互认的过程，在政策规范落实后，AI 医疗才可能进入快车道发展。

（5）医学是一个前沿学科，会随时遇到新问题，而相关数据的积累需要时间，因此，算法模型难以迅速得到优化；同时 AI 医疗产品的数据算法也需要不断更新和迭代，算法技术难度也会加大，医学领域的高门槛和技术力量的欠缺也会限制 AI 医疗的进一步发展。

（6）随着 AI 医疗的发展，医工交叉问题更加突出。隔行如隔山，这对于 IT 界和医疗界来说尤其贴切，当双方团队共同打造一个产品时，面临着话语体系不同、评价方式不同、谁来主导等诸多问题。

6.4 "互联网 + 城市管理"

信息技术正广泛应用于城市管理，与交通、市政、医疗、环保、公共安全、社区管理等领域迅速融合，"智慧城市"建设稳步推进。

6.4.1 智慧城市

1. 智慧城市的概念

IBM 公司将智慧城市定义为：能够充分运用信息和通信技术手段观测、分析、整合城市运行核心系统的各项关键信息，从而对包括民生、环保、公共安全、城市服务、工商业活动在内的各种需求作出智能的响应，为人类创造更美好的城市生活。

智慧城市的概念自提出以来，在国际上引起广泛关注，并持续引发了全球智慧城市的发展热潮。智慧城市已经成为推进全球城镇化、提升城市治理水平、破解"大城市病"、提高公共服务质量、发展数字经济的战略选择。

2. 智慧城市的特征

智慧城市的核心特征是"智慧"，而智慧的实现，有赖于建设广泛覆盖的信息感知网络，具备深度互联的信息体系，构建协同共享的资源体系，实现海量信息的智能处理，并拓展信息的开放应用。因此，智慧城市的特征可以从以下 5 个方面进行阐述。

（1）广泛覆盖的信息感知网络

广泛覆盖的信息感知网络是智慧城市的基础。任何一座城市拥有的信息资源都是海量的，为了更及时、全面地获取城市信息，更准确地判断城市状况，智慧城市的中心系统需要拥有获知各类要素的能力。智慧城市的信息感知网络应覆盖城市的时间、空间、对象等各个维度，能够采集不同属性、不同形式、不同密度的信息。物联网技术的发展，为智慧城市的信息采集提供了强有力的帮助。

当然，"广泛覆盖"并不意味着对城市的每一个角落进行全方位的信息采集，这既不可能也无必要。智慧城市的信息采集体系应以系统的适度需求为导向，过度追求全面覆盖既增加成本又影响效率。

（2）深度互联的信息体系

智慧城市的信息感知是以多种信息网络为基础的，如固定电话网、互联网、移动通信网、传感网、工业以太网等，"深度互联"要求多种网络形成有效的连接，实现信息的互通访问和接入设备的互相调度操作，实现信息资源的一体化和立体化。在智慧城市中也会看到，将多个分隔独立的小网连接成互联互通的大网，可以大大增加信息的交互程度，提升网络对所有成员的价值，从而使网络的总体价值显著提升，并形成更强的驱动力，吸引更多的要素加入网络。

（3）协同共享的资源体系

在传统城市中，信息资源和实体资源被各种行业、部门、主体之间的边界和壁垒所分割，资源的组织方式是零散的，智慧城市"协同共享"的目的就是打破这些壁垒，形成具有统一性的城市资源体系，使城市不再出现"资源孤岛"和"应用孤岛"。

（4）海量信息的智能处理

智慧城市拥有体量巨大、结构复杂的信息体系，这是其决策和控制的基础，而要真正实现"智慧"，城市还需要具有对所拥有的海量信息进行智能处理的能力，这要求系统根据不断触发的各种需求对数据进行分析，提炼所需知识，自主判断和预测，从而实现智能决策，并向相应的执行设备给出控制指令。

（5）信息的开放应用

智慧城市的信息应用应该以开放为特性，并不仅仅停留在政府或城市管理部门对信息的统一掌控和分配上，而应搭建开放的信息应用平台，使个人、企业等个体能为系统贡献信息，使个体间能通过智慧城市的系统进行信息交互，这将充分利用系统的现有能力，大大丰富智慧城市的信息资源，并且有利于促进新的商业模式的诞生。

3．我国新型智慧城市的发展

我国提出建设智慧社会，智慧社会是智慧城市概念的中国化和时代化，更加突出城乡统筹、城乡融合发展，为深入推进新型智慧城市建设指明了发展方向。

（1）新型智慧城市概述

新型智慧城市是适应我国国情实际提出的智慧城市概念的中国化表述；新型智慧城市是在现代信息社会条件下，针对城市经济、社会发展的现实需求，以提升人民群众的幸福感和满意度为核心，为提升城市发展方式的智慧化而开展的改革创新系统工程；新型智慧城市是落实国家新型城镇化战略规划，富有中国特色、体现新型政策机制和创新发展模式的智慧城市；新型智慧城市的核心是以人为本，本质是改革创新。

（2）我国新型智慧城市的特征

① 中国化。国外的智慧城市理念重在对"物"的管理，主要推广物联网、云计算等信息技术产品；而我国的新型智慧城市建设核心是以"人"为本，基于我国"四化同步"的国情实际，服务于我国以人为核心的新型城镇化进程，助力提升我国城镇化发展质量和水平。

微课扫一扫

 知识拓展

四化同步

四化同步，是指坚持走中国特色新型工业化、信息化、城镇化、农业现代化道路，推动信息化和工业化深度融合、工业化和城镇化良性互动、城镇化和农业现代化相互协调，促进工业化、信息化、城镇化、农业现代化同步发展。

"四化同步"的本质是"四化"互动，是一个整体系统。就"四化"的关系来讲，工业化创造供给，城镇化创造需求，工业化、城镇化带动和装备农业现代化，农业现代化为工业化、城镇化提供支撑和保障，而信息化推进其他"三化"。因此，促进"四化"在互动中实现同步，在互动中实现协调，才能实现社会生产力的跨越式发展。

---

② 融合化。我国要构建新型智慧城市，就要着力推进技术融合、数据融合和业务融合，着力打破信息孤岛和数据分割，打通数据共享和融合的"奇经八脉"，促进互联网、大数据、物联网、云计算、人工智能等新一代信息技术与城市管理服务融合，提升城

市治理和服务水平。

③ 协同化。新型智慧城市不是简单的城市内政府部门、业务条线的信息化，而是要通过互联互通、纵横联动，特别是城市层面的横向融通，协调城市治理的"五脏六腑"，促进实现跨层级、跨地域、跨系统、跨部门、跨业务的协同管理和服务，将过去各自为政、各行其是的"稳态"信息系统，打造成全程全时、全模式全响应、"牵一发而动全身"的"敏态"智慧系统，实现城市治理方式的智慧化。

④ 创新化。新型智慧城市的本质是利用新一代信息技术对城市进行重塑和再造，是利用现代信息技术与城市固有秩序和利益进行博弈，利用数据资源畅通流动、开放共享的属性，倒逼城市不合理的管理体制、治理结构、服务模式、产业布局变得更加合理优化、透明高效。从这个意义上可以说，凡是技术导向、项目驱动，没有业务优化重塑再造、没有改革创新举措和发展实效突破的所谓智慧城市，都不是真正意义上的新型智慧城市。经过不断的探索和实践，我国新型智慧城市建设持续深化，有效提高了城市管理的科学化、精细化、智能化水平。新型智慧城市已经成为当今时代我国城市发展的新理念、城市运行的新模式、城市管理的新方式和城市建设的新机制。

（3）我国新型智慧城市的发展现状

① 国家层面高度重视。国家层面陆续发布一系列相关政策文件，指导智慧城市建设。近年来，依托部际协调工作机制，各部委共同研究新型智慧城市建设过程中跨部门、跨行业的重大问题，推动出台智慧城市分领域建设相关政策，我国新型智慧城市建设政策体系逐步健全。

② 地方层面积极推进。所有副省级以上城市、超过89%的地级及以上城市均提出建设智慧城市。国内各省区市智慧城市建设的重点和发展路径各不相同，在发布实施智慧城市总体行动计划的同时，不断推进"智慧教育""智慧医疗""智慧交通"等具体领域实践，探索适合本地智慧城市建设的重点和发展路径。

③ 持续开展国家新型智慧城市评价工作。2019年，修订形成《新型智慧城市评价指标（2018）》，评价工作旨在摸清智慧城市发展现状，为国家决策提供参考，为地方明确新型智慧城市建设工作方向、促进新型智慧城市建设经验共享和推广提供有力支撑。

6.4.2　城市通

在日常生活中，每个人都会有各种各样的证件和卡片，比如身份证、驾驶证、社会保障卡、公交卡、公园年卡等。许多人在出门前，总会习惯性地清点卡片和证件，以免误事。

有没有可能带一张卡，甚至不带卡，就能够畅行无阻呢？

以"互联网＋政务服务"为诉求的"城市通"正在做着这方面的尝试。"城市通"的目标就是：让市民用"城市通"App畅享城市所有服务。

在"城市通"的推进过程中，北京市和福州市走在了前列，我们就以这两个城市为例，介绍"城市通"如何让市民用一个App畅享城市服务。

1．北京通

（1）"北京通"的主要特点

2016年12月，"北京通"上线，"北京通"的运营呈现出以下几个特点。

① 虚拟卡一卡通，进入无卡时代。

"北京通"打造了具有北京特色的市民卡体系，汇聚了政务服务、公共服务、便民服务和第三方商业服务，实现各类证照的汇聚，统一规范市民卡发放标准，采用先进的App虚拟卡技术，虚实结合，多卡合一，一卡多用，实现了服务汇聚；市民完成认证即可一次登录、多次共享、避免重复填报，一键直达所有应用；场景化服务实现市民在线办事或就近办事，市民进入了无卡时代。

② 市区两级平台互联互通。

北京门头沟区的"门城通"是"北京通"的第一个区级分平台，是市区两级平台共同打造的惠民服务体系，使政务畅通，数据交换便利。

"门城通"直接复用了"北京通"提供的实名认证、电子证照、虚拟卡等功能，不需要再重复建设；"门城通"与"北京通"互联互通，在用户授权的情况下，"门城通"可以直接使用"北京通"已有的数据和服务；"门城通"汇聚了区级政务服务、区管的公共服务和特色化的社会服务，满足市民在门头沟区生活、居住、旅游、学习、就业等全方位需求。

③ 北京移动公共服务平台，构建城市软件基础设施。

北京市统一规划建设城市软件基础设施，构造虚拟城市的"高速公路、水、电、气"；建立电子证照库和先进的虚拟卡功能体系；全市公共服务资源统一管理与分发；建立了信息惠民服务平台；统一订协议、定标准，各委办局原有系统不推倒重来且赋能，新系统进行集约化建设，打通信息孤岛，实现互联互通。

④ 全面互联互通。

"北京通"的互联互通主要包括三个层面：一是各委办局按"北京通"标准，在自有数据服务整合的基础上，实现互联互通；二是各区按"北京通"标准建立分平台，实现区级数据服务整合和互联互通；三是基于"城市通"平台，北京将与其他城市实现跨城市互联互通。

（2）"北京通"为市民带来的便利

"北京通"以人为本，响应市民需求，利用消息平台主动推送公积金和社保服务；利用政府通迅录，构建政民互动体系；开设北京头条栏目，推送市民想了解的城市大事小情；推出随手拍功能，方便市民反映城市管理中的问题，促进政府部门快速响应，实现"精治共治"。"北京通"为市民的生活带来了很多的便利。

① 一张虚拟卡实现"通关"。以前，市民在办理个人事宜时，常常因为要提供很多卡和证明而奔波多次，各种卡之间互不相认、互不连通，大大降低了办事效率，"北京通"打破了这个局面。在"北京通"App中输入个人身份证信息后，便会出现12位码，对应本人身份，表明已经建立起来了一张"北京通"虚拟卡。身份认证后，App中便会出现公积金查询、查税办税、看病挂号等服务，身份证、社会保障卡、驾照等27种卡片信息都可以被关联到虚拟卡上，让市民告别一事一卡、携带多卡的烦恼。

"北京通"App融合了多个部门推出的多种卡，通过实名认证、用户授权等实现跨委办局信息的互联互通，各部门的数据可以进行共享，只需一次实名认证，注册市民的信息便在后台有所记录，App就会推送个人的相关信息。

② 为市民反映城市管理问题提供快速通道。北京天通苑北的一些小区一直存在停车难的问题。小区的一位张先生通过"北京通"App随手拍的方式，将小区的这一问题进行了反映，"北京通"App与12345平台进行了数据对接。几天后，张先生便得到了反馈，天通苑北街道办事处向物业提出要求——加强管理并定期排查，解决不符合管理规定的问题，小区的外来车辆数量得到了控制。

随手拍功能支持市民将对城市管理的发现、监督、建议通过文字、语音、图片或图像的方式，结合地理定位信息上传到平台，再由平台分配给政府相关部门，将城市管理从"政府发现—政府处置"的模式转变为"百姓发现—政府响应—政府处置—结果反馈—百姓点赞—传播分享"的闭环模式，成为落实"精治共治"理念的有效工具。

2. 福州通

为全面深化政务服务，提高行政效率，福州市建设了福州通——"e福州"App作为全市统一的政务服务移动互联网入口，于2018年3月正式上线；同时，福州市印发

《关于整合全市移动政务服务的通知》，要求各单位不再单独建设新的政务 App，若要新建移动政务服务，统一依托"e 福州" App 进行建设，各单位现有的政务 App，将整合至"e 福州" App。目前，"e 福州" App 已经成为"数字中国、智慧社会"理念的福州样板。

"e 福州" App 是一个集成的市民公共服务平台，目前已从政务类 App 完成升级改造，对接 43 个委办局 820 个办事事项。"e 福州" App 是市民服务的统一手机端门户，通过全市统一的电子缴费公共服务平台，应用福州市电子支付二维码，实现"一卡一码"移动支付，并在交通、教育、医疗、社区等九大民生场景，打造全市统一的移动支付平台。下面我们来了解一下"e 福州" App 的九大应用场景。

（1）交通出行：市民用"e 福州" App 轻松充值缴费，就可以方便地刷手机坐公交、坐地铁、乘出租车。

（2）教育缴费：家长可以用"e 福州" App 方便地缴纳学费。

（3）看病就医：患者无须携带就诊卡，用"e 福州" App 进行线上预约挂号、缴纳诊费、获取检查报告，减少了排队时间。

（4）政务服务：市民、企业用"e 福州" App 进入"移动政务服务大厅"，更方便地进行事项查询、办理预约、网上申报、材料提交、结果反馈等操作。

（5）社区服务：社区居民可在"e 福州" App 上体验小区的智慧门禁系统，享受物业和周边的商业服务，更好地与社区、邻里进行互动交流。

（6）公园景点：市民不需要购买纸质门票，用"e 福州" App 扫码就可以进入公园景点，查询景点信息，享受智慧导游和景区周边的酒店、餐饮、停车等服务。

（7）图书借阅：读者的图书借阅证绑定"e 福州" App，手机扫一扫，可以轻松借还图书，并可以查询图书资讯。

（8）不动产交易：市民、企业办理购房手续更加便捷，用"e 福州" App 在办事窗口扫一扫，就可以缴纳契税、工本费等。

（9）信用支付：市民凭借个人信用积分，用"e 福州" App 在一些服务领域可以先消费后付款，目前应用领域正在不断增加。

2018 年 4 月 22 日，"e 福州" App 在首届数字中国建设峰会首次登场，并作为峰会观众的唯一入场"门票"，让福州市民及全国参会人员体验到了"数字福州"建设带来的便利。

"北京通""福州通"的先进理念以及建设运营经验将会加快"数字中国、智慧社会"建设的进程。

6.4.3 "互联网+"城市管理平台

"互联网+"城市管理是以"统筹政府、社会、市民三大主体"为目的，创建一个容纳大数据的城市管理平台，在原有智慧城市的基础上，采用大数据分析处理技术和"互联网+"相关的云计算、云数据库、物联网、机器学习与数据挖掘、图像语音文本等新技术、新方法，研发和应用大数据下的"互联网+"智慧城市管理信息系统，充分发挥互联网高效、便捷的优势，将互联网技术、互联网思维、互联网模式与城市管理全面融合，提高城市管理水平，改善公共服务质量，建立起政府监督指挥、部门协调运作、市民广泛参与，各有关方面各司其职、各尽其能、相互配合的城市管理新格局。

1. 打造"互联网+"平台，创新城市治理信息生态

"互联网+"必将给城市治理带来更大、更多的方便。无论是拆除违规建筑和维护商贩秩序等日常执法活动，还是街道清扫、停车管理等一系列工作，城市管理信息系统都离不开信息力量保障。

（1）用"互联网+"来实现跨界融合

城市管理无处不在，无时不有，其深度和广度都在不断增加。城市管理信息系统要跟上城市发展步伐，必须借助"互联网+"，即通过跨界融合这一积极手段来实现。过去，城管执法出了问题易遭社会批评，市民对城管的误解越积越多，不利于城管开展工作，甚至将城管逼到了"墙角"。如今，移动"互联网+"平台可以让与城管工作相关联的公安、市场监督、生态环境等多个配套部门同步参与，实现数据共用，资源共享。有条件的地区还可借助"移动互联网+城管平台专用车"进行城管执法，工作人员可通过网上查阅、卫星定位、视频会话、决策对接等形式，直接处理一些诸如环境污染、流动商贩占道经营和违停等涉及多个部门的城管综合执法问题。

（2）用"互联网+"来实现公众参与

城管是一项社会事务，各级政府城管部门应该跳出"单打独斗"的圈子。例如，根据2013年实施的《南京市城市治理条例》，南京市民不仅可以"公众委员"身份参与城市治理，而且普通公众可借助"互联网+"平台来参与城管事宜。目前，市民可通过"西祠胡同"或"龙虎网"这两个网站直接向城管系统反映身边存在的城管疑难问题，也可以通过市一级城管局微博及时向城管局领导反映日常生活中存在的问题。不难看出，"互联网+"平台为"网上办城管""开门办城管"提供了十分开放、亲民的共治共管和共建共享参与方式，这要归功于媒体监督和现代信息技术的发展。

（3）用"互联网 +"来实现信息业务创新

城管是一项民生工程，建设"互联网 + 城管"工作体系是大势所趋。从"大城管"格局和目前工作流程来看，大、中城市应建立一级、二级、三级互联网（城管信息指挥平台），即市里建设一级城管互联网，区里建设二级城管互联网，街道建设三级城管互联网，必要时可延伸至社区并建构四级城管互联网。同时，每一级城管互联网按功能划分为公务指挥网和公众参与网。公务指挥网一般设置于所在城管局的数字城管指挥中心大厅，主要履行行政执法、卫生保洁、道路停车、辖区防汛、广告设置等决策指挥职能；公众参与网（各个终端）一般放置在行政服务大厅，必要时可放于广场、公园绿地或车站码头等一系列公共场所，以便于市民了解城管工作信息，及时参与或点评相关事务。

2. 借助"互联网 +"媒介，创新城市管理响应体系

（1）建立"快反式"指挥控制中心

"大城管"业已成为现代城市管理的发展趋势，要求进一步加强对城市事务的综合协调和科学管理。如何凸显这个"大"字？答案是借助"互联网 +"平台。总体来看，市、区、街道（乡镇）、社区四级城管系统应当借助"互联网 +"建立一个自上而下、左右互联、视频通话、宽带保障的"一体化指挥平台"，该平台由最高行政领导担任总指挥长，指挥成员由城管、住建、公安、交通、市场监督等一系列部门构成，由城管局局长担任常务指挥长，处理日常城管事务。"快反式"指挥控制中心要借助具有同步化、高速化的互联网媒介来实现，它比以往传统城管指挥平台更实时、高效、快捷。

（2）完善"交互式"执法监督平台

移动化、互联互通、互操作是"互联网 +"的最大优势，城市管理信息系统必须充分利用这一交互功能。城管执法是城市管理信息系统的一项重要工作内容，其质量的优与劣直接影响到城市管理声誉的好与坏。

城市管理信息系统不妨引入"互联网 +"执法监督平台，即借助移动互联网来及时察看、监控城管现场执法操作，加强视频对话，通过上级监控下级，可以降低城市管理信息系统执法失误率；通过机关监控执法队伍，可以及时制止城管人员盲目行动，纠正执法之不足。目前来看，社会已经进入"自媒体"时代，城管执法在接受群众监督的同时，可以借助"互联网 +"实行自我监督，赢得群众更多的信任。

（3）形成"实效式"社区管理网络

社区是城管的最小行政区，小区是城管巡查的重要关注点。城市治理要实现全覆盖、无遗漏，必须采取城管队员巡查与技术手段相互补充的办法。今后，城管部门要通过设置一个个物联网，来监控市政公共设施和公园绿地的完好或损毁情况；要利用安装的一个个传感器，来监控生活小区的防盗安全；要借助互联网支撑下的"城管地理信息系统"，及时了解辖区大街小巷的环境和小区停车管理情况等。

3. 采取"互联网＋"手段，创新城市管理考评机制

城管执法是否合理，人民群众对城管是否满意，乃至城市管理信息系统是否有效地落实"城市治理标准化"等一系列疑问都是社会普遍关注的。采取"互联网＋"手段，可以解决上述问题。

（1）采用"互联网＋"考评机制，使城管工作更加无懈可击

城管工作投入大、涉及面广，直接关系民生，同时，公众对城管工作的期望值越来越高，因而，提高城管工作质量和服务水平是众望所归。为此，城市管理信息系统应积极开发、研制"互联网＋"考评机制模块，将城管工作要素、考核项目和评定指标等内容都在上述模块（程序）中加以体现并定期更新，从而形成城管专家考核系统。主要采取线上与线下结合、理论与实践结合的办法组织实施考核。"互联网＋"考评机制的最大优势是线上操作与公众评判二者结合，最大特色是线下执法与专家评判结合，增强了城管考核的科学性、公正性。

（2）用"互联网＋"原始数据统计跟踪，让标准化考评更到位

城市治理标准化牵涉到城市所有单位，工作量大，时间长，落实较难，只有借助"互联网＋"行动计划，将所有单位都纳入城市治理标准化考评系统，才能实现考评的高效精准化和公平合理性。

2015年5月，南京市政府出台相关文件，对市容环境卫生、市政设施和停车管理，尤其是"门前三包[1]（新版）"等提出量化标准和具体指标。各级城治办工作人员借助这一系统，可以线上查询各单位已登记录入的城市道路、市政设施、市民广场、居民小区、单位责任区（院落）、建筑工地、河道湖泊和环境保护等30余个大项的原始资料及所对应的标准化任务；线下可分期、分批对各个单位进行标准化工作达标验收，并将考核结果录入考评系统，由计算机自动进行一系列大数据的"云计算"，就可公平地打出各单位的实际分值。

1　门前三包指：包卫生、包绿化、包秩序。

　　该系统通过线上与线下结合，确保了全市所有单位落实全覆盖、精细化和长效化的城市治理标准化目标，从而为落实中央城市工作会议精神打下坚实的基础。

本章小结

　　本章主要介绍了"互联网+"带来的大智移云等一系列新技术的应用领域以及产生的影响，重点探讨了互联网与党建、乡村治理、医疗健康以及城市管理领域的融合与发展。通过本章的学习，读者能够比较深刻地理解基于互联网新技术的管理创新，了解互联网新技术应用现状及发展趋势，关心国家经济社会发展及社会治理现状，了解党建与社会治理创新的目的及成效，增强主人翁的责任感和民族自豪感。

本章思考题

1．"互联网+党建"的内涵及特点是什么？

2．智慧党建云平台的总体框架主要包含哪些内容？

3．分析"互联网+乡村治理"的必要性与可行性。

4．"互联网+乡村治理"的实现路径有哪些？

5．"互联网+医院"能够解决哪些问题？

6．AI医疗的具体应用场景有哪些？

7．分析智慧城市的概念及特征。

8．"互联网+城市管理"平台如何实现城市管理的创新？

第7章
"互联网＋"时代的创新设计

政府把创新发展作为国家战略，每个企业都在转型，每个人也都在转变，创新到底怎么实现？创新有没有流程，有没有规范？鲁百年博士在《创新设计思维》一书中提到："创新可以做到流程化和规范化，创新有工具和方法论，企业可以把创新思维注入员工的血液，形成企业文化，实现创新落地。"

本章主要分析创新设计思维的内容、特征以及创新设计思维的落地方法，阐述"互联网＋"时代产品设计与创新的相关内容。

本章学习目标

1. 知识目标

（1）了解"互联网＋"时代创新设计思维的内涵及特征。

（2）了解在"互联网＋"时代如何实现产品设计与创新。

2. 能力目标

（1）初步掌握创新设计思维的落地方法。

（2）初步掌握创新设计思维工作坊的举办流程。

3. 素质目标

（1）具有良好的主动学习能力，能够运用正确的方法提升自己的创新
　　　设计思维。

（2）明确"创新是发展的第一驱动力"，不断培养创新意识和创新能力。

（3）明确"创新必须要落地"，树立脚踏实地的工作作风。

引导案例：充满想象力的"互联网＋"创新设计案例

（1）案例一：700Bike自行车

在"互联网＋"的背景下，700Bike在把立位置加入电子组件和OLED屏幕，

从而实现了自动防盗预警、定位、数据同步等功能。自行车内置的芯片可以保持实时在线，随时同步数据到云端，并保证重要信息的通信，从而具有远程布防的作用。其在配套的 App 中将更多的数据产品和服务提供给用户。700Bike 针对现代城市生活情境塑造出一个新的品类——城市自行车，并归结出"产品六维"体系的产品哲学，分别从设计感、舒适性、安全性、易维护、适应性、互联网六个维度重新定义了最适合城市出行的自行车。

此外，700Bike 新一代城市自行车的"黑科技"创新颇多，如内置自动变速器、用防子弹的技术防钉子、用方程式赛车的材料做车架、巧妙设计的 H 形后叉、以高级皮带替代链条、全球首款一体化屏幕等高端技术，被认为用"黑科技"强烈冲击了传统自行车市场。

（2）案例二：李宁智能跑鞋

李宁智能跑鞋内置华米智芯于鞋垫下方的凹槽中，李宁智能跑鞋中的华米智芯利用蓝牙技术可以和手机中的小米运动客户端连接。功能方面，李宁智能跑鞋除了拥有定位、消耗热量计算、时速和配速显示以及关注好友等常规功能之外，还可以进行脚步落地分析和精准步频分析，让用户能够以更科学的姿势跑步。

思考题：

以上两个创新设计案例对你有什么启发？你对产品设计创新有哪些新的认识？

7.1 创新设计思维

如何进行创新？如何设计新的产品、服务？如何寻找新的解决方案？如何制定企业新的流程？如何进行企业的变革？实现创新，离不开创新思维，特别是创新设计思维。下面主要分析创新设计思维的内涵、特征、步骤以及落地方法。

7.1.1 创新设计思维的内涵

创新不仅需要逻辑推理的商业思维，还需要感性认识的设计思维，两者紧密结合才能形成创新设计思维。

1. 设计思维的定义

"设计思维"（Design Thinking）一词源自美国硅谷，由商业创新咨询机构 IDEO 提出，已成为商业创新热门的话题之一。它早已突破狭义的"设计"概念，"设计思维"不只讲设计，也不只是给设计师学习的，设计思维是一套产品与服务创新的方法论，还可以用于流程改进、商业模式创新、用户体验改进等，是每一个想要突破自我、有所创新的个体和组织需要掌握的一套方法、工具和理念，诸多企业将设计思维作为内部创新的主流方法论。

设计思维是从最终用户（客户的客户）的角度出发，利用创造性思维，事先对设计的产品、项目、流程、商务模式或者某个特定的事件等，通过观察、探索、头脑风暴、模型设计、讲故事等制定目标或方向，寻求实用的、富有创造性的解决方案。其主要目标是站在客户需求或者潜在需求的角度发现问题，然后解决问题。

（1）设计思维与设计的区别

设计是把一种计划、规划、设想通过某种形式传达出来的活动过程。以前的产品设计大部分属于设计的范畴，聚焦在产品的外形、样式、功能、包装等方面，重点在于从现有产品存在的问题出发，找出解决方案。而设计思维是一种思维模式，它不但考虑设计的产品、服务、流程或者其他战略蓝图本身，而且"以人为本"，站在最终客户的角度，发现用户需求，给予用户良好的体验，超越用户需求，实现创新。

例如，一款高铁座椅的设计，铁路总公司希望机车供应商设计一款舒服的、安全的高铁座椅，这时设计师从设计的角度出发，会考虑座椅的形状、质地、材料以及不同乘客对座椅的要求，设计出让乘客满意的座椅。而设计师从设计思维的角度出发，会考虑如何让乘客满意，关注的不仅仅是座椅，还会考虑乘客查询行程、买票、到达车站、进入停车场、检票、候车、拖着行李进月台，一直到登上高铁及登车后的体验等一系列流程，并且检查可否减少流程，尽量让乘客感到方便，减少乘客的烦恼等。

设计思维是一种以解决方案为基础的，或者说以解决方案为导向的思维形式，它不是从某个问题入手，而是从目标或者要达成的成果着手，然后，通过对当前和未来的关注，来探索问题中各项相关因素的变化，找出解决方案。

（2）设计思维与商业思维的区别

商业思维强调的是逻辑的推理和分析，专注于执行和规划，对于现有的产品和解决方案，发现使用时的问题和客户的不满，始终围绕着客户的需求，考虑如何解决当下产品和服务的问题，围绕现有业务概念设计产品和业务模式，利用最佳实践和常见的观点来满足客户的需求。一般情况下，商业思维经常表现为逻辑推理—业务分析—找到瓶颈—解决问题的思路，所以商业思维常常是以现状和问题为出发点。

知识拓展

右脑思维和左脑思维的不同

设计产品和服务、处理创业中的问题、设计管理流程等问题都需要一定的思维模式。解决问题的思维模式有两种：左脑思维和右脑思维。左脑倾向于逻辑思维，用语言文字进行思考；而右脑则倾向于艺术思维，用图像视觉进行思考。

左、右脑思维的分工为：左脑负责理性，主要用来控制语言、逻辑分析、推理、抽象、计算、记忆、书写、阅读、分类排列、抑制、棋艺、判断、五感等；右脑负责感性，主要控制直觉、情感、图形、知觉、形象记忆、美术、音乐节奏、舞蹈想象、视觉、身体协调、灵感等。

设计思维强调的是创新和未来，专注于挑战现状，从最终客户的期望出发，创造客户新的需求点，围绕着创新业务概念设计未来业务模式，利用创新实践和独特的观点超越客户的预期。

例如，某公司产生的一个想法是：未来员工都不用上班，每天在海边钓鱼还能把工作做好。很多人的第一反应都是"不可能"，设计思维不允许说不可能，不允许批评，避免把一些好的想法扼杀于萌芽状态。最后找到了很好的解决办法：把公司所有的应用都放在手机上，包括日常业务处理、出差申请、报销、学习培训等，员工在任何地方，都可以通过移动办公系统解决问题。

对于制造企业，这个方案能否实现呢？工业 4.0 最突出的特点就是智能化，由工业机器人取代人工进行生产，只需要远程控制、维护。

因此，设计思维是围绕着创新业务概念设计未来业务模式，经常使用的是创造性、出人意料的想法，研究新的可能性，解决客户甚至还没有想到的问题。设计思维强调的是创新和未来，一般以目标为导向，不仅仅是通过逻辑推理来获得问题的解决方案。

2. 创新设计思维的定义

商业思维从现状和问题出发，可以找到问题的解决方案，是解决问题的方法；设计思维从美好的未来出发，可以找到创新的解决方案，是获得与众不同的创新方案的方法。将两者结合起来，不但可以解决问题，满足客户需求，而且还可以帮助企业和客户获得美好的未来。

因此，将客观的、合理的按照逻辑推理的、追求相对稳定的、利用分析和相应规划实现的商业思维与主观的、换位思考的、按照感情探索的、追求新奇的、利用体验和通过行动解决的设计思维紧密地结合起来，再加上忘掉现状和问题而寻求美好未来的三者平衡，就产生了新的思维模式——创新设计思维模式。

创新设计思维是以最终用户的角色探索潜在的需求，不但从当前的现状和问题出发，考虑现有的挑战，还要寻求潜在的挑战，强调最终用户的体验，而且从美好的未来和理想的愿景出发，忘掉现状，强调最终用户未知的、渴望的体验，是将逻辑思维和直觉能力结合起来，利用一整套的设计工具和方法论，进行创新的方案或服务设计的思维模式。

创新设计思维是一种以人为本、以目标为导向的思维模式，也是一套实现创新设计的方法论和工具，使创新可以实现非线性流程化。

3. 创新设计思维的目标

创新设计思维的目标是培养整个社会具有以人为本发现问题、解决问题、获得创新解决方案的能力，并且将创新的基因注入人们的思维模式之中。实现国家的改革、企业的转型、个人的转变，以积极向上开放的心态来做事做人，实现整个民族的创新。在一个企业或组织中培养员工用创新设计思维来解决问题，建立企业的创新文化，真正建立以人为本的创新思维模式，不管是从事产品研发、企业运营、流程再造、商业模式确立、企业战略制定，还是从事环境保护、社会责任、卫生教育，都应该具有创新设计思维。

7.1.2 创新设计思维的特征

1. 以人为本

以客户为中心，站在客户的角度考虑问题。当前的营销模式已从原来完全以企业为中心的 4P（产品、价格、促销、渠道）模式，转变为以客户为中心的 4C（客户、成本、沟通、便捷）模式。以客户为中心和创新之间是由创新设计思维紧密联系起来的。我们强调的心智模式，就是完全将自己的情感投入，代入客户的身份、思想。比如到医院看病，以病人的身份进行体验，发现病人需要什么，进而设计出减少病人在各科室间走动的流程。

以人为本的设计就是从用户的根本需求出发，并且在整个设计过程中对用户的需求、环境条件和限制因素给予充分考虑，以创造出更优化的状态。

2．目标导向

真正的创新设计思维不是以纯粹逻辑思维来解决问题，首先不要考虑研究问题的现状和参与者的身份，要完全站在最终用户的角度设计一个美好的未来，也就是顶层设计。比如超市连锁企业希望设计一个以客户为中心的流程时，首先不要考虑现在的超市流程是什么，这样就避免了惯性思维模式，也不需要考虑自己是超市的管理者，即不要总是站在自己的角度和现在的处境考虑问题。如果纯粹希望解决问题，就需要研究现状，找到问题的答案。然而在希望获得创新的，甚至颠覆性解决方案时，就不应考虑现状和问题，而是应站在未来的角度考虑问题。

首先设计一个美好的未来，然后再明确现在到未来有多大的差距，还存在哪些阻力、哪些瓶颈，接下来分析如何做或者需要具备哪些条件，才可以解决这些瓶颈、克服难点，一步一步向回推，找到解决方案。

3．开放心态

在整个创新设计思维的过程中，我们要具有开放的心态，认为万事皆可能，所以不批评、不议论、不说"不可能"、不说"你错了"等。因为大家认为不可能，主要是按照常规认为不可能，这样就很难创新，只有将大家认为的不可能变成可能，才会实现创新。所以我们一定要具有开放的思想，接受任何新奇的点子。

4．原型设计

创新设计思维显著的特征之一，就是"快速原型法"，先将事情做成，然后再将事情做好。从直觉出发，获得一个创意，再快速做出原型，在做的过程中和用的过程中进行调整和优化。比较担心的是设计了完善的方案，结果竞争对手早已占领了市场。

5．集思广益

要充分发挥团队的作用，最好由各个不同行业的人员组成设计团队，这样可以整合成"T"型人才的团队，实现从智商（IQ）到众商（WeQ）的转变。应广泛征集大家的意见和建议，当别人提出想法时，不批评、不议论、不评价，然后在别人想法的基础上获得更有用的想法，最后通过民主集中制，获得更好、更有效的创新方案。这是创新设计思维的重点。其特别强调进行发散思维，但是还需要聚焦主题，最后将大家的想法集中，获得有用的创意，这就是创新设计思维的民主集中的特征。

6．打破常规

不按常规出牌，转换一种思维模式。如果变换一个角度考虑问题，往往可以获得意想不到的好创意。当客户认为产品价格太高时，一般企业就开始打折，可是如果我们换一种思维模式增加客户的增值服务而不打折，这样会更有竞争力。在很多情况下，大家都认为是不可能的时候，打破常规可以把事情做成。

7．企业文化

企业如果想建成一个创新设计思维型的组织，就必须创建创新企业文化；通过创新设计思维训练和工作坊，培养员工的创新设计思维，培养企业的创新设计思维导师，由他们带领完成创新设计项目。

7.1.3　创新设计思维的逻辑

1．创新设计思维的过程

（1）根据某些现状和存在的问题、客户的投诉、企业的投资、大家期待解决的问题，设定研究主题。

（2）通过一系列的探索，包括收集第一手资料和第二手资料，利用亲身体验或者调研的方式，快速了解主要的现状、存在的问题、客户的期望。

（3）进行构思。对主题充分了解，掌握现状及问题，以最终客户的身份，构思更多新的想法，再转换角度，站在设计者的角度构思，这样既能满足客户的期望，还能在约束条件下获得大胆创新的点子。

（4）可行性研究。将创新的点子进行合并、分类、排列，列出哪些点子是梦想家的点子，哪些点子是现实家的点子，哪些点子是批评家的点子。

（5）原型设计。将想法以乐高、积木、图纸等任何道具呈现出直观方案，这是对离散想法的整理、总结，以获得直观的视觉设计，让大家对想法有直观的了解。

（6）价值的体现。实施设计的方案，和最终用户进行沟通，实现方案的落地和推广。

2．创新设计思维的核心循环

在创新设计思维的过程中，每一个步骤都要经历观察、思考、执行，或者叫"看、想、做"三个阶段的循环。创新设计思维的核心循环就是观察、思考和执行三个循环。

（1）观察就是以最终用户的视角，观察具体的问题和现状，了解方方面面的信息，在不同的阶段，围绕着主题再仔细观察、审视，发现问题，进行改善。比如在第一阶段，就是反复了解客户的需求和存在的问题，找出问题的根源；在第二阶段，对大家提出的点子和原型充分论证，判断其是否具有创意，是否可以进一步优化或者换一种思维模式，发现更新奇的点子；在第三阶段，观察该方案如何落地实施，如何进行推广等。

（2）思考就是在获得信息的基础上，认真地思考问题的来源，了解问题的真正内涵，发现问题的根源，进行深层次的探索，在不同的阶段，思考该阶段的问题。例如，在第一阶段，思考问题的实质和需求；在第二阶段，思考解决问题的方法是否具有足够的创新性，是否可以实现，是否具有价值；在第三阶段，思考如何落地，如何进行推广，如何让用户接受等。

（3）执行就是根据问题、信息，分享自己的想法和点子，将点子通过原型实现，再将原型进行制作和模拟，使想法具有可行性。

7.1.4 创新设计思维的落地方法

创新设计思维是关于人性的一种思维模式，一种创新的方法论。一个企业或者组织希望建成一个创新设计思维型的组织，就需要将其思维模式进行普及。一般情况下，有三种落地的方法：第一是举办创新设计思维工作坊；第二是创建创新企业的文化；第三是培养企业的创新设计思维导师，让创新设计思维导师带领大家完成某项创新设计项目。

1. 举办创新设计思维工作坊

（1）创新设计思维工作坊的内涵

创新设计思维工作坊就是通过创新设计思维导师的引导，参与者完成一个主题的设计的工作坊。参与者以设计师的身份通过创新设计思维的过程，根据不同的讨论主题，利用设计好的工具，最终获得关于主题的创新解决方案、产品、报告或者原型。同时创新设计思维导师也教授参与者一套创新设计思维的流程和方法论，以便在组织中进行推广，使创新设计思维变为组织中的一种思维模式和解决问题的工具和方法论。

为了成功举办一期创新设计思维工作坊，首先创新设计思维导师需要和客户设定好讨论的主题和子主题，每个设计小组由 8 个左右的设计师组成，他们可以来自不同的部门、不同的专业或者不同的层级，比如心理学家、数学家、物理学家、MBA 学员、营销专家、语言学家、艺术家、生物学家等，他们最好具有设计经验，但不是行业专家。

在工作坊一开始可以让设计师接受创新设计训练，时间可长可短，让他们了解该行业客户的现状、需求和发展，学习一些具体的即兴表演、头脑风暴、模型制作等。设计小组成员的组成由讨论主题的设计范围来决定，最好有一些非本行业、非讨论主题的人员参加。时间最短为半天，一般为 2 天，也可以长达 10 天，根据希望达到的目标而定。

微课扫一扫

（2）创新设计思维工作坊的举办流程

① 创新设计思维简介，让设计小组成员知道创新设计思维的定义、创新设计思维的发展历史及演进。

② 相关案例介绍，让大家知道运用创新设计思维后能获得的成果是什么。

③ 围绕要解决的问题做热身游戏，让大家体会到某些哲理，并且起到热身作用，让每个人积极参与，敢于大胆发言，产生一些奇异的点子和想法。

④ 采用专门为创新设计思维设计的工具，一步一步引导，进行背景的了解、问题的分析、点子的收集、点子的分类和点子的优先级划分等。

⑤ 采用故事画板，将分类的想法、点子以连环画的形式直观地画出来。

⑥ 利用画笔、乐高、积木、橡皮泥、电子元器件等道具，将离散的点子进行原型设计、草图绘制，完成解决方案的直观设计。

⑦ 利用设计的原型，完成整体方案的实现设计，将原型按照故事情节，以讲故事、演小品的形式表现出来。

（3）创新设计思维工作坊的要点

创新设计思维工作坊采用的是头脑风暴，鼓励发散思维，其热身游戏也让大家敢于积极参与，经常会遇到想法过于发散，最后几乎没有一个结论的情况。最担心的是跑题，或者有领导式的人物"误导"大家的想法，所以如果希望成功举办工作坊，人们就需要从以下几个方面入手。

① 确定确切的设计主题：保证大家目标明确，对设计的主题做充分的了解。

② 设计好使用的工具：每次项目开始之前，认真研究主题，确定使用的工具，保证参与者聚焦到讨论的主题上，按照工具的逻辑，一步一步进行头脑风暴，最后获得需要的结果。

③ 成员积极参与：提出更多、更新奇的点子和想法，充分发挥成员的积极性。

④ 参与人员多样化：在设计小组中最好有各个方面的角色、各种各样的人才，保证从各种不同角度考虑解决方案。

⑤ 不扼杀不同点子：很多好的点子几乎都被扼杀在萌芽阶段，所以在整个头脑风暴过程中要严格要求，不许说"不可能""不行"，不许批评，避免惯性思维模式、逻辑推理阻碍创新的实现。

⑥ 民主集中制：因为头脑风暴是很多发散思维的聚集，对于通过发散思维获得的点子必须整理分类，实现民主之后，一定要集中。

⑦ 头脑风暴的规则：人人参与、发散思维、集思广益。

⑧ 利用便签贴：为了让点子分类容易实现，让大家在便签贴上写上自己的想法、观点、观察到的事实、存在的问题、想说的话等，每张便签贴只写一条，每条只写关键词，最好不超过 10 个字，字号尽量大，以便拍照留档时看得清楚。

这样最大的好处是当两个便签贴的内容一致时，就可以揭掉一张，将内容聚类时可以随意移动，而不像在白板上写下的内容，需要擦掉重写，这样既方便又省时间。只允许一张便签贴写一条内容，主要是为了避免在分类时，如果两个内容不属于同一类，就需要重新分成几张再写。聚类就是将具体的个人离散的想法按照某种特征进行分类，可以按照任何方式聚类，比如按照部门、特征、地域等。

2. 创建创新设计思维文化

创新设计思维文化的创建不但需要相对开放的物理空间，还需要建立创新的制度，创建创新设计思维文化是一个长期的过程，包括咨询辅导，建立创新制度，训练员工思维模式，辅导员工在工作中利用创新设计思维的工具，培养开放的积极向上的心态，营造创新的团队和创新的氛围等。

为了解决一个问题或者一次创新设计，可以聘请外面的创新设计思维导师进行引导，完成工作坊的工作，但是这样只是一次训练，不适合企业培养长期创新型组织。所以企业需要通过辅导，建成一个具有创新文化、创新基因的企业。

3. 培养创新设计思维导师

对于创新设计思维的导师，企业不仅要教会他们方法论，还需要教会他们培训组织的技巧、选题技能、设计工作坊议程、工具技能以及把控工作坊进程的技能。企业不但需要教会他们设计思维模式，还需要教会他们如何设计创新设计思维工作坊，包括事先的调研、主题的确认和理解、采用的工具设计、游戏的选择、道具的准备、参加人员的确认、教室环境的检查，以及内容的记录、最后的总结等。

小故事

某公司打造创新设计型组织

某公司首席执行官上任后，就任命 ×× 担任该公司有史以来的第一位设计战略和创新副总裁，×× 的任务是培养该公司的设计思维能力，最终将该公司打造成顶级的设计思维型企业。×× 指派设计师加入业务团队，目的是将设计职能融入组织内部，业务部门人人变成设计思维的专家。×× 认为，亲身体验才是最重要的，一旦该公司从最高领导层到基层员工都切身体验了设计思维，他们就会彻底改变自己的看法。

该公司的做法是建立设计工坊，设计工坊是设计思维的具体操作，他们从参与体验的人员那里获得一系列反馈信息，然后对这些信息进行分析和整合，并借此不断改进和完善美妆、护肤、染发、衣物清洗和家庭护理等各类相关产品的运营活动。这套培训课程专门为整个业务团队设计。参与该课程，大家可以体验到设计思维的奇妙，可以感悟到设计思维是如何解决实际问题的。

创新设计思维可以产生巨大的商业价值，该公司的转型故事有力地证明了这一点，在该公司转型为设计思维型组织之后，由一家低增长、微盈利、品牌乏力的成熟型企业转变成真正的成长型企业，该公司的创新性和运营效率得到大幅提升，其年利润增长率达15%。因此企业要做的就是，将创新设计思维注入企业，变成企业的DNA。

 想一想

创新是什么？创新如何落地

如今，创新已经成为一个频繁出现的热词。对于创新，很多人第一反应可能就是一个"新想法"或"新观点"，并且觉得离自己过于遥远。

其实创新并不只是简单的创意，而是应用创意获取商业价值和社会价值。创新有狭义和广义之分。狭义的创新指理论与方法上的新发明、新发现。广义的创新指的是系统创新、制度创新、组织创新、文化创新等。比如数学研究方面发现了一个新定理是创新，发明了一种新算法是创新，用成熟的方法解决新的问题是创新，对老问题有新的认识和阐释也是创新。

创新是一个完整的过程——发现洞察，创意产生，转化开发，落地扩散。

作为新时代的大学生，你对于创新的理解是什么？如何实现创新？请你通过信息检索和深入思考分析，给出你的答案。

7.2 "互联网 +"时代的产品设计与创新

7.2.1 产品设计的四大趋势

1. 产品设计应跟随需求变化

人们对美好生活的需求与日俱增，而现实生活的不匹配造成巨大落差，促使人们产生了更多的需求，随之而来的是消费市场的不断细分与扩大。对制造业而言，产品不再简单地满足人们在功能层面的实用需求，更多的是满足人们在情感层面的需求。无论是实体产品还是互联网产品，既要解决用户生活中的现实问题，也需要满足用户更多新需求。

2. 科技与人的联系将更为紧密

之前的产品对人们来说可能只是一个工具，而现在的产品已经逐渐和人们的体验、生活风格产生了不可分割的联系，产品设计也就越来越离不开新科技和新技术的发展。自然而然地，科技也就越来越按照人们的喜好、想象和期望来为人们服务。

3. 产品设计应承担更多的社会责任

随着社会的高速运转，可持续发展的社会话题逐渐走进人们的视野中，同样，也走进了不少制造行业的设计者心中，特别是在资源日益减少、各种生态问题日益严重的今天，用设计的思路，加上新技术的应用，在产品设计上做一点点的改变，都能让社会向着良性方向发展，让消费者在使用产品的同时，也愿意自发地去思考可持续发展的问题，带动更多的人共同节约自然资源，创造更好的生活环境。

4. 智能产品的未来——"互联互通"

现在已经有越来越多的智能家居产品出现；同时，随着 5G 的发展，所有产品在未来都会走向互联互通。因此基于手机端整合其他家用电器，是智能产品的发展趋势，产品设计要顺应这个趋势，这样设计出的产品才有竞争力。

7.2.2 魅力产品的六大特点

魅力产品不同于普通物品，其通过应用新兴技术，能变得更有用，激起更多人的情感共鸣，丰富人们的生活。

魅力产品具有可浏览性、可操控性、价格不高、携带方便、操作便捷、外形可人等特点。

1．可浏览性

魅力产品帮人们潜意识地做决定，并在最合适的时间和地点聚焦信息。只要设计得好，魅力产品可以减轻人们的认知负荷，而减负的方式就是给人们需要的信息并舍去不必要的细节。

大脑处理某些类型的信息时不需要完全关注它们，因此被称为前注意，人类在感知周围时会不自觉地接受某些视觉、听觉和其他信息。魅力产品属于前注意类设计，通过导向、形状、大小、集群和颜色等特质，在即时交流中是"可读"的。

2．可操控性

魅力产品的另一个特点是易于操控，它是人们熟悉物品的增强版。

如一款升级版的智能垃圾桶能将丢弃和补充两种需求结合起来。给垃圾桶配一个微型摄像头，当人们将一个空瓶子或者空盒子扔进去时，它会通过计算机视觉技术来识别物品，然后自动登录某购物网站，重新订购一件相同的商品。如果使用者不想下达这一指令，可以在扔垃圾的时候关闭摄像头。如果使用者下达指令后又改变了想法，只要轻踢一下垃圾桶，就可以自动取消指令。

3．价格不高

由于芯片价格的下降，为产品植入芯片早已成为可能。给垃圾桶增加一个摄像头和无线感应器的成本大幅降低。大部分魅力产品都不需要配置最新的处理器，不需要巨大内存，不需要配备显示器，因此价格不高。在很多情况下，设计魅力产品还可以获得一些资助，因为魅力产品可以激发有价值的行为——节约能源，降低医疗保健的费用等。

4．携带方便

科技产品越做越小，微型化技术的发展速度很快，人们已经对可穿戴设备司空见惯。

比如一款盲人手环，不仅能识别路上的障碍物，而且还能判断障碍物是不是硬物。盲人手环还能够识别地面上的突出物，甚至是穿戴者身后的东西。总之，当盲人戴上手环之后，就能全方位地感知周边的情况，得到有效帮助。

5．操作便捷

魅力产品会以最小的干扰度为人们提供服务。智慧门铃是这种便捷操作产品的典范，它能播报位置，让人们知晓家人何时到家，每个家庭成员都拥有一段专属铃声，为了发挥其最大价值，使用者要做的就是记住每个家庭成员对应的铃声。

6. 外形可人

最后也是最重要的一点，魅力产品必须能在情感上与人沟通。情感交流有很多实现方式：可以通过视觉或肢体，也可以通过声音。这些信号使人们有更强的欲望与设备连在一起，并且吸引着人们去使用这些设备。

7.2.3 设计魅力产品阶梯五步法

让普通产品变成魅力产品的过程是什么？其中包括哪些步骤？这些问题是在设计魅力产品的过程中必须解决的。一方面，层出不穷的传感器给了设计师更多的创造空间；另一方面，设计师要面对消费者越来越高的要求。消费者一般会密切注意产品的外观和使用感受，很在乎产品体验，他们了解品牌，会不停地比较产品性能，要是某款产品在网上有大量差评，他们很可能会放弃这款产品。

为了帮助设计师应对这些挑战，戴维·罗斯设计了魅力产品阶梯五步法，这个阶梯分为 5 层，是设计魅力产品的方法。

1. 关联性

网络连接让信号的传输成为可能，让存储和处理信息成为可能，让提供新服务成为可能。

比如一件普通的产品——体重秤，如何通过创意设计，把这件普通产品变成魅力产品？当人们站上体重秤时，脑海中会闪现哪些想法？是饮食情况、锻炼计划，还是健康状况？体重数据会给人们带来哪些影响？要是体重秤能联网又可以提供哪些服务？

如何扩展体重秤的功能？体重秤除了显示体重，还可以追踪并自动传送不同的测量数据（如体重、体脂）到云端的文件中，这些数据会被转换成图表形式，无论用户走到哪儿，都可以收到这些图表。体重秤还可以监测用户的心率和血压，通过接入用户的私人病历和在线医疗数据库，它还可以预测威胁用户生命安全的情况。

2. 个性化

设计魅力产品阶梯的下一步是根据大量的人类行为特征数据为个人定制独特的服务。每个人都有不同的偏好和目标，当人们把魅力产品和云端连接起来时，魅力产品就可以区别对待每一个人，调整人们和它的关系，甚至它的服务。

如果体重秤知道人们的年龄、健康状况、家族病史、用药情况，而且还了解人们的性格，那么在人们称体重的时候，它就会给出有针对性的建议。体重秤会根据人们的血脂趋势、亲属的中风和心脏病史，有针对性地给人们提出特别的指导方针。

3．社会化

魅力产品阶梯的第三步是社会化，即把数据和人连接在一起。

智能体重秤的社会化前景：让体重秤把收集的信息传递给一群注意饮食的人，这些人都加入了同一个网站，并同意分享自己的体重信息。网站上的每个人都可以获得海量的新资源来帮助自己实现目标，可以得到关于自己饮食情况的反馈意见，可以从其他人那里得到鼓励和支持。

4．游戏化

某件物品一旦连上网，变得个性化和社会化之后，吸引用户的下一步就是让用户"进入游戏"。游戏化是源于游戏的一种说法，它可以让人们与普通的物品建立联系。魅力产品设计师可以给物品添加功能，游戏设计师早已用游戏化来激励人们了，就像社会化能唤起人们对增进关系的渴望一样，游戏化能触及一系列驱动力，比如希望获得成功、得到认可等。

积分是游戏中的基本元素。人们都喜欢得分，喜欢提高分数，喜欢从努力中得到回报。随着等级升高，人们可以得到经验值和更多的新能力。登上排行榜则意味着人们得到同行的认可，会继续跟竞争对手争夺榜首。

怎样让体重秤从游戏化中获益？通过长期控制体重，人们可以得到积分；当人们控制体重取得阶段性成果时，可以得到奖励；在经过双向确认的社交网络中，取得显著成果的人的名字可以出现在排行榜上。只要体重持续下降，就能持续得到奖励，这样会促使人们跟着计划走——坚持不懈地控制体重以获得更多奖励。

5．故事性

设计魅力产品阶梯的最后一步是创造一个故事，一个能让用户变得特别的故事。为什么要创造故事？故事可以激起人们的好奇心，还会引起人们的情感共鸣，故事有独特的力量吸引人们，让人们感同身受。

设计师怎样才能把体重秤故事化呢？设计师需要从生活中寻找可能性。使用者通过告知魅力产品自己的目标，可以让魅力产品帮自己讲一个故事——它还可以帮助使用者为自己的美好故事画上一个圆满的句号。

到了魅力产品阶梯的顶层，设计师就会形成全新的观念，让用户和各种产品融合在一起。

本章小结

　　本章主要介绍了创新设计思维的内涵、特征以及创新设计思维的落地方法，阐述了"互联网 +"时代产品设计与创新的相关内容。通过本章的学习，读者可了解"互联网 +"时代创新设计思维的内涵及特征，初步掌握创新设计思维的落地方法，明确"创新是发展的第一驱动力""创新必须要落地"，不断增强创新能力以及树立脚踏实地的工作作风。

本章思考题

1. 什么是创新设计思维，创新设计思维的目标是什么？
2. 创新设计思维的主要特征有哪些？
3. 创新设计思维的实施步骤有哪些？
4. 什么是创新设计思维工作坊？它的举办流程是什么？
5. 如何实现创新设计思维落地？
6. "互联网 +"时代产品设计的趋势是什么？
7. 魅力产品的特点有哪些？
8. 简述设计魅力产品阶梯五步法。

第8章
"互联网+"时代的创业变革

我们正处于信息技术飞速变革的"互联网+"时代。互联网思维是指在互联网时代基于互联网的特征，对用户、产品、企业价值链乃至对整个商业生态进行重新审视的思考方式，并由此拓展到对整个社会生产、生活方式的重新思考。互联网技术的创新与发展为创业提供了更多的机会。

本章围绕互联网技术创新所带来的创业变革进行讨论，重点探讨创客与众创空间的内涵，以及"互联网+"时代的创业逻辑。

本章学习目标

1．知识目标

（1）了解"互联网+"战略对创新创业的影响。

（2）理解创客与众创空间的内涵及存在的意义。

（3）了解"互联网+"时代的创业逻辑。

2．能力目标

（1）能够在理解"互联网+"战略的基础上，审视创新创业的新环境。

（2）能够比较深入地理解"互联网+"时代的各种创业模式及创业法则。

3．素质目标

（1）具有独立思考的能力和创新创业意识。

（2）认识到中国高质量的经济发展和步入世界领先水平的互联网技术发展为创业者提供了高效、广阔、畅通的创业大舞台，增强了民族自豪感。

引导案例：农特微商创业

2015年对农特微商来说是重要的一年，农特微商数量迎来井喷式增长。只要有地标性的特产，具备农特微商发展的基础，就可以进行农特微商创业。万人农特微商创业孵化平台将目光瞄准了 600 多个全国农特基地，对 50 个规模比较大的农特基地给予重点扶持。

随着"互联网 +"行动计划的提出，国家越来越重视互联网与农业领域的深度融合，农特微商的出现使整个农村领域进入了一个新的发展阶段，万人创业孵化园的建立，也为农村创业提供了重要的支撑。适合开展农特微商创业的对象包括以下两类。

（1）基地。地标性的农特产，具有独特的产品价值。基地的产能比较稳定，同时能够保证产品品质，符合当前的物流承运标准。

（2）渠道。只要懂社群，在农特微商领域就能快速成长。农特微商会向用户推荐比较靠谱的单品，结合基地就可以掌握社群营销，依靠一个单品就可以注册公司；如果还能为用户提供几次体验，那么品牌的名气就会增大。农特微商也可以建立独特的微商运营体系，在农特微商平台上同时申请多个单品来营销。

思考题：

1．农特微商创业平台建设的意义是什么？

2．你如何看待微商创业？

8.1 "互联网 + 众创时代"

众创时代的创新是"社会成员广泛参与、公开透明、自下而上、分权决策的"创新范式。众创时代让每个人的潜能都前所未有地被激发出来，创业门槛也在不断降低，网络连接、开放、共享的精髓也在互联网时代演绎得淋漓尽致，人人都能利用互联网参与创业创新。越来越多的人，正在和墨守成规的生活说再见，充满激情地投身创新大潮。"创客"的含义也越来越广泛，努力把创意转变为现实的人是"创客"，创业者是"创客"，在互联网行业做出创新的人也是"创客"。

8.1.1 创客

1．什么是创客

"创客"是指出于兴趣与爱好，努力把各种创意转变为现实的人。创客以用户创新为核心理念，是热衷于创意、设计、制造的个人设计制造群体，有意愿、活力、热情和能力在创新 2.0 时代为自己，同时也为全人类创建一种更美好的生活。

在中文里，"创"的含义有：开始做、创造、首创、开创、创立。它体现了一种积极向上的生活态度，同时有一种通过行动和实践去发现问题和需求，并努力找到解决方案的含义；"客"则有客观、客人、做客的意思。客观，体现的是一种理性思维。客人、做客则体现了人与人之间的良性互动关系，有一种开放与包容的精神在里面，而开放与包容的精神体现在行动上就是乐于分享。

没有分享，就没有人类社会的整体进步。分享和传播知识是每个人应做的，将分享作为乐趣则是一种良好的习惯，但分享绝不意味着不尊重别人的劳动成果，或鼓励抄袭和盗版，恰恰相反的是，分享必须建立在尊重首创精神的坚实基础上，否则创新会变成建立在流沙上的建筑。创客鼓励创新各种分享盈利模式，在分享的同时，保护首创者的利益和积极性。

信息化的快速发展已经几乎把"大众"变成了潜在的"创客"。人们不再需要聚集在一个固定地方工作，互联网创新模式将会成为一个普遍的方式，人们坐在家里就可以参加全部的创意活动，在任何地方，只需要借助互联网、3D 打印，就可以实现设计梦想。

"创客"这个词在我国政府工作报告中有了新的内涵，叫"中国式创客"，"大众创业、万众创新"的双创概念激发全民族的创造性力量，在推动产业结构升级的过程中，要发挥来自草根创业者的无穷智慧。因此，"中国式创客"是指所有具有"创新、创意、创业"意识的人，他们是处在经济社会发展前沿的具有开创精神的群体。

2．创客的分类

创客的共同特质是创新、实践与分享，但这并不意味着他们都是一个模子里铸出来的人，相反，他们有着丰富多彩的兴趣爱好，以及各不相同的特长，一旦他们聚到一起，相互协调，发挥自己的特长，他们就会爆发巨大的创新活力。

（1）创意者

他们是创客中的精灵，他们善于发现问题，并找到改进的办法，将其整理归纳为创意和点子，从而不断创造出新的需求。

（2）设计者

他们是创客中的魔法师，他们可以将一切创意和点子转化为详细、可执行的图纸或计划。

（3）实施者

他们是创客中的剑客，没有他们强有力的行动，一切只是虚幻泡影，而他们凭借高超的剑术，往往一击必中，达成目标。

3．创客存在的意义

随着信息技术的发展，传统的以技术发展为导向、科研人员为主体、实验室为载体的创新 1.0 模式正在向以用户为中心，以社会实践为舞台，以共同创新、开放创新为特点的用户参与的创新 2.0 模式转变。面向知识社会的创新 2.0 模式，消融了创新的边界，用户可以成为创新的动力和主体。从发展趋势看，众创空间将成为技术创新活动开展和交流的场所，也是技术积累的场所，也将成为创意产生和实现以及交易的场所，从而成为创业集散地。

创新 2.0 时代的创客以好玩为主要目的，这恰恰是创客的意义所在。当创意及其实现有成为商业模式的可能时，创业就是一件顺理成章的事情。一旦有创业的想法，就要去思考商业模式，搭建创业团队。所以，凡是有创业想法的创客，就要做有心人，并且要坚持。

从创意到实现创意是一个质的飞跃，从创意产品到形成商业模式，又是一个质的飞跃，每一个质的飞跃都不容易，都意味着有失败的风险。同时，这样去做之后，作为纯粹创客的乐趣也许会减少，有创业想法的创客要有心理准备。

众多创客参与，让创新 2.0 模式也进入了更新期。新的环境使得中国创客在世界范围内脱颖而出有了更大可能。无论是电子科技，还是软件科学，或是具有浓郁东方特色的艺术创新实践，都为创客展开了无限可能的未来。借助互联网和新工具，创客实现了产品自设计、自制造，成为创新 2.0 时代的造物者。同时，在用户创新、开放创新精神的指引下，创客站在彼此的肩膀上，越站越高。人类工业文明、商业文明，当然还有人自身，正在发生巨变。

8.1.2 众创空间

在政府政策的积极引领下，众创空间犹如雨后春笋在全国各地纷纷涌现，为拥有梦想的创业创新群体提供了一个开放式、低成本、专业化的公共服务平台。

1．众创空间的定义

众创空间，即创新型孵化器。"众"是主体，"创"是内容，"空间"是载体。众创空间是顺应创新 2.0 时代用户创新、开放创新、协同创新、大众创新趋势，把握全球创客浪潮兴起的机遇，根据互联网及其应用深入发展、知识社会创新 2.0 环境下的创新创业特点和需求，通过市场化机制、专业化服务和资本化途径构建的低成本、便利化、全要素、开放式的新型创业公共服务平台的统称。

2. 众创空间的特点

（1）开放与低成本。面向所有公众群体开放，采取部分服务免费、部分服务收费，或者会员服务的制度，为创业者提供相对较低成本的成长环境。

（2）协同与互助。沙龙、训练营、培训、大赛等活动促进创业者之间的交流和圈子的建立，共同的办公环境能够促进创业者之间的互帮互助、相互启发、资源共享，达到协同进步的目的，通过"聚合"产生"聚变"的效应。

（3）结合。团队与人才结合，创新与创业结合，线上与线下结合，孵化与投资结合。

（4）便利化。众创空间可以提供场地，以方便创业者进行产品展示、观点分享和项目路演等。此外，众创空间还能向初创企业提供其在萌芽期和成长期的便利，如金融服务、工商注册、法律服务、补贴政策申请等，帮助其健康而快速地成长。

（5）全要素。众创空间提供创业创新活动所必需的材料、设备和设施。

3. 众创空间的发展措施

发展众创空间，要坚持政府引导和市场主导，充分发挥社会力量的主力军作用，释放创新创业政策集聚和"互联互通"的系统有效性，有效利用国家自主创新示范区、国家高新区、大学科技园和高校、科研院所的有利条件，盘活政策工具、仪器设备、闲置厂房等资源，进一步降低创业成本和门槛，释放蕴藏在大众创业、万众创新之中的无穷创意和无限财富，培育新的经济增长点，打造新常态下经济发展的新引擎。众创空间着力发挥政策集成效应，实现创新与创业结合、线上与线下结合、孵化与投资结合，为创业者提供良好的工作空间、网络空间、社交空间和资源共享空间。支持众创空间发展的措施如下。

（1）在创客空间、创新工厂等孵化模式的基础上，大力发展市场化、专业化、集成化、网络化的众创空间，实现创新与创业、线上与线下、孵化与投资相结合，为小微创新企业成长和个人创业提供低成本、便利化、全要素的开放式综合服务平台。

（2）加大政策扶持力度。适应众创空间等新型孵化机构集中办公等特点，简化登记手续，为创业企业工商注册提供便利。有条件的地方对众创空间的房租、宽带网络、公共软件等给予适当补贴，或通过盘活闲置厂房等资源提供成本较低的场所。

（3）完善创业投融资机制。发挥政府创投引导基金和财税政策的作用，对种子期、初创期科技型中小企业给予支持，培育发展天使投资。

（4）打造良好的创新创业生态环境。健全创业辅导指导制度，支持举办创业训练营、创业创新大赛等活动，培育创客文化，让创新创业蔚然成风。

小故事

北京创客空间

北京创客空间是我国第一家创客空间，也是中国创客文化的主要发起者。该创客空间已经成功孵化出了蚁视 VR、雷神科技等创新项目。成立以来，北京创客空间累计举办了超过 600 场活动，参与人数超过 15 万人。尤其是 2012 年创办并持续运营至今的"创客嘉年华"活动，共吸引了 20 多个国家和地区的近千名创客的热情参与。

2015 年，北京创客空间率先提出了"创客 3.0"的概念，以"连接产业与大众"作为目标，开始致力于创客与产业整合，打造产业共享经济。北京创客空间与京东、TCL、长虹、三一、奇瑞等多产业巨头形成了孵化器战略联盟，为孵化的创业团队提供众筹、销售、生产、大数据、投资、渠道等全方位的战略资源。

其中，由北京创客空间与三一重工联合成立的三一创客致力于打造出全球第一个工业 4.0 孵化器，利用北京创客空间全流程资源创业孵化体系，结合工业 4.0 产业研发突破体系，孵化出高度智能化、自动化、产业化的智能制造创新项目。

由北京创客空间联合奇瑞新能源共同发布的全球第一款开放车型共享平台，将面向任何怀抱造车梦想的创业公司（创业者），全面开放奇瑞新能源汽车的开发、设计、制造过程，最终联合奇瑞新能源进行验证和测试，在达到国家安全法规要求和获得批准后进行批量化定制产品的生产，从而大幅度降低造车成本，实现共赢。

作为中国创业创新的领导者，北京创客空间将继续引领并传播创客文化，促进中国双创事业的蓬勃发展。

2020 年 4 月 16 日，科技部确定 498 家众创空间为国家备案众创空间。顺应创新 2.0 时代推动大众创业、万众创新的形势，构建面向人人的众创空间等创业服务平台，对于激发亿万群众的创造活力，培育包括大学生在内的各类青年创新人才和创新团队，带动扩大就业，打造经济发展新引擎，具有重要意义。

想一想

如何客观地看待当前的创业环境

所谓创业环境，是指围绕创业者的创业和发展的变化，足以影响或制约创业行为的一切外部条件的总称。创业环境一方面指影响人们开展创业活动的所有政治、经济、社会文化诸要素，另一方面指获取创业帮助和支持的可能性。创业环境是这些因素相互交织、相互作用、相互制约所构成的有机整体。

创业者的创业过程既不是依靠某一方面的推动，也不是某一种因素作用的结果，它的运作需要各层面的支持。

1．政策层面

国内目前的创业环境是积极的，这一点毋庸置疑。首先是政策层面，国家出台了很多的利好政策，鼓励创新创业，无论是大学毕业生，还是下岗工人或者对现状不满意、想改变生活状态的普通人，都有创业的机会。国家对于创业有各种政策扶持，比如在行政审批、信贷、税收方面都有很多好的政策出台。

2．基础层面

创业需要良好的基础环境，这方面包括技术、平台、设施、服务等，国内在创业基础方面的发展是有目共睹的。我国的互联网技术已步入世界领先水平，而对于所有创业者来说，这样的发展速度则带来一个高效、广阔、速通的创业平台。

因为有了现在的我国经济的发展，大家才有了一个更加通顺的发展渠道；因为有了我国目前各种各样的公用设施，大家才可以更加快速地达成连接和贸易。

3．市场层面

高、精、尖项目依然受到资本青睐。高新科技、精工技术、先进项目是未来，是强国之本，包括人工智能、新能源、物联网、医疗研发、航天卫星及军工技术等。

科技转化项目成为创业热点。新技术被广泛运用到民生领域，新零售、新媒体、文创领域、新出行、新服务、新物流、新医疗、新教育等都有许多创业机会。

你如何看待现在的互联网创业环境？你如何评价这一时代创业者的作用？

8.1.3 众创时代的 C2C 商业生态模式

1．C2C 商业生态模式的内涵

C2C 商业生态模式是由原伯克利加州大学哈斯商学院的美籍华裔学者吴霁虹首次提出的。C2C 即 Customer to Customer，而 C2C 商业生态模式指的是从需求到供应到消费，经济和管理以客户为中心驱动个性化规模定制、商业生态资源整合、O2O 线上与线下、人与人、人与物环形连接的新商业生态圈。

它打破了信息不对称，打破了消费者固有的被动角色，打破了高交易成本的经济困局，去除了无价值的中间环节，让商业资源的配置以客户真正需求为中心。该商业生态模式正在催生一个人人是消费者、人人是设计师、人人是销售员、人人是企业家的人人参与的新商业文明世界。

2．C2C 商业生态模式的优势

C2C 商业生态模式让消费者参与设计、生产、营销，甚至经营全过程，消除了浪费、货物积压的分摊成本、中间环节费用，杜绝了不正当竞争，使原来奢侈品的价格大幅降低。同时社会化营销模式的崛起，还使消费者在购买后因口碑传播而获得佣金，刺激消费者参与经营，变消费者为创业者。

小故事

海尔的"人人创客"

2015 年，海尔的发展主题是"人人创客，引爆引领"。也就是说，整个企业要从管控型组织变成投资平台，每个人不再是执行者，而是创业者；整个组织从原来的传统组织变成互联网组织。

（1）海尔实现"人人创客"目标的"两化"措施

一是企业平台化。海尔由原来的封闭组织变成开放的创业生态圈，改变原有的科层制，去中心化和中介化，实现组织结构的颠覆性改变。在管理模式上，海尔将原来的职能部门变为两大平台，即共享平台和驱动平台。共享平台提供人力、法务等共享服务功能，以保证小微企业活而不乱；而驱动平台帮助小微公司明确商业路径，给其创造一个可以发现和解决问题的恒温生态环境。

企业平台化后，海尔将原来的以制造企业为中心的生产流程改变为以用户为中心的开放并联平台，即研发、制造、销售都要围绕用户需求，只有将产品卖到用户手中，员工才能获得收益；同时改变营销模式，让用户全程参与到产品的设计及迭代中来，把一次性用户颠覆为可交互的用户。

海尔通过各方面的机制为用户打造一个体验最佳的平台，从而形成一个共创共赢的生态圈。

二是生产定制化。海尔的生产制造从过去的大规模制造，转变成现在的大规模定制，更好地解决了消费者"千人千面"的需求。海尔建成全球首个智能互联工厂，用户可以根据自己的喜好选择冰箱的颜色、款式、性能、结构等，定制一台符合自己要求的冰箱。同时，用户可以随时通过互联网、移动终端查看自己的冰箱在生产线上的全流程。

（2）海尔的"动态合伙人机制"

当员工成为创业者、创客，无疑是对人力资源体系的颠覆。现在，海尔内部采用的是"动态合伙人机制"。只要你有能力，你就能在海尔的这个平台上创业和发展，共享价值。而"动态"一词意味着你若不能在海尔的这个平台上创造价值，你就可能被取代。所以，在海尔的这个平台上，为了保证自己能够持续创造价值，每个人都需要不断学习，实现自我驱动。

（3）让员工自我激活的方法

海尔通过"三权"来实现员工自我激活，即创业者（员工）可享有用人权、分配权和决策权。因此，对于曾经的中高层来说，其要在企业中重新找到自己的位置，要么去经营一个小微公司，要么去搭建一个平台，让更多的创业者在该平台上创业，并且取得成功。将这"三权"赋予员工，让他从过去的执行者转变成现在的总经理，践行海尔的文化追求——"让每个人都成为自己公司的CEO"。

8.2 "互联网＋"时代的创业逻辑

网络新经济带来的全新商业模式变革，体现在市场变化的方方面面。互联网的重要性似乎超过了一切其他生产要素，有着化腐朽为神奇的力量。"互联网＋"没那么简单，它带来的绝不仅仅是一时的风口，而是推动时代前进的大势；也绝不是简单的创业机会，而是重构经济社会形态的创新浪潮。今天，无论是初次创业的新公司，还是再次创业的成熟企业，都需要思考如何利用互联网重构价值创造的方式，这决定着创业能否成功，也决定着企业能否成长。

8.2.1 "互联网 +"时代创业的商业模式

1. 社群电商模式

在社群电商模式下，用户被好的内容吸引，聚集成社群，社群发展壮大，促成更多交易，完成商业变现。其中，内容是媒体属性，用作流量入口；社群是关系属性，用来沉淀流量；电商是交易属性，实现流量价值。

移动互联网时代的商业以社群电商为趋势。社群电商不是传统电商或者移动电商的颠覆模式，而是两者的深化延伸，它是一种商业意识形态的觉醒，是社群经济线上的表现形式。从某种意义上来说，社群电商是一套客户管理体系。客户的社群化充分激活企业的沉淀客户，它抛弃了传统的客户管理方式，将每一个单独的客户通过社交网络工具进行了社群化改造，利用社会化媒体工具充分调动社群成员的活跃性和传播力。

2. 长尾型商业模式

长尾概念描述了媒体行业从面向大量用户销售少数拳头产品，到销售庞大数量的利基产品的转变，虽然每种利基产品相对而言只产生很少的销售量。但利基产品销售总额可以与传统的面向大量用户销售少数拳头产品的销售模式相当。通过 C2B 实现大规模个性化定制，核心是"多款少量"。

微课扫一扫

所以，实行长尾型商业模式需要低库存成本和强大的平台，并使利基产品（指市场有需求、有利润但是没有被很好地提供的产品，如果企业重点经营这一类产品，可以更好地创造产品的优势和价值）对兴趣买家来说容易获得。

3. 跨界商业模式

"互联网 +"环境下，很多产业之间的边界变得越来越模糊，行业与行业、项目与项目之间的交叉融合也越来越频繁，跨界成为当下的一种新常态。可以说，跨界已成为当前企业商业模式打造过程中的一种流行的、不可或缺的商业思维模式。常见的跨界模式如下。

（1）渠道的跨界。京东原本是一家线上购物平台，但是近年来，京东发挥品牌优势，把触角伸向了线下，在国内很多城市纷纷开了京东便利店，生意做得红火。此举不仅为消费者增加了购物渠道，而且还提高了京东的经济效益。

（2）产品的跨界。本不相关的两个产品融合，不但创新了产品的概念，还以各自品牌的原有拥趸者为新的目标人群，为消费者带来全新的品牌体验。例如，瑞幸咖啡和椰树牌椰汁联手推出饮品"椰云拿铁"，引发网友的购买热情。

（3）媒介的跨界。在互联网兴起前，企业的广告促销媒介主要是招牌、报纸、电视和广播这些传统媒体。进入互联网时代以后，企业有了更多的广告促销媒介选择。例如，风靡一时的电视购物影响力渐渐降低，当前的网络直播带货热闹非凡。在跨界思维下，创新的多媒体、多终端互动策略引发不同媒体受众之间相互影响，继而实现效应叠加，受众扩大。

（4）行业的跨界。不同行业相互渗透，尤其是艺术与时尚领域的跨界很多，比如万达打破行业壁垒，把地产与影视联合起来，把万达影视搞得有声有色。类似此种打破思维藩篱、巧妙"借智"跨界联合正在成为一种流行趋势，其不但有力推动了创新，而且大大缩短了创新的时间。

4. 免费商业模式

"互联网+"时代是一个信息过剩的时代，也是一个注意力稀缺的时代，怎样在无限的信息中获取有限的注意力，便成为"互联网+"时代的核心命题。注意力稀缺导致众多互联网创业者开始想尽办法争夺注意力资源，而互联网产品最重要的就是流量，有了流量才能够构建商业模式。所以，互联网经济就是以吸引大众注意力为基础，去创造价值，然后盈利。

很多互联网企业以免费、优质的产品吸引很多的用户，然后提供新的产品或服务给不同的用户，在此基础上构建商业模式。互联网企业颠覆传统企业的常用方法就是在传统企业用来赚钱的领域免费，从而彻底把传统企业的客户群带走，继而转化成流量，然后再利用延伸价值链或增值服务实现盈利。

如果有一种商业模式既可以统摄未来的市场，也可以挤垮当前的市场，那就是免费的商业模式。克里斯·安德森在《免费：商业的未来》中归纳出基于核心服务完全免费的商业模式：一是直接交叉补贴，二是第三方市场，三是免费加收费，四是纯免费。

5. O2O 商业模式

O2O 是 Online To Offline 的英文简称。狭义的 O2O 就是线上交易、线下体验消费的商务模式，主要包括两种场景：一是线上到线下，用户在线上购买或预订服务，再到线下实体店享受服务，目前这种类型比较多；二是线下到线上，用户通过线下实体店体验并选好商品，然后在线上购买商品。

广义的 O2O 就是将互联网思维与传统产业相融合，O2O 的发展突破了线上和线下的界限，实现线上线下、虚实之间的深度融合，其模式的核心是基于平等、开放、互动、迭代、共享等互联网思维，利用高效率、低成本的互联网信息技术，改造传统产业链中的低效率环节。线上的价值就是方便、随时随地，并且品类丰富，不受时间、空间的限制。线下的价值在于商品看得见摸得着，且即时可得。O2O 把两个渠道的价值和优势无缝连接起来，让用户觉得每个渠道都有价值。

6. 平台商业模式

平台商业模式的核心是打造足够大的平台，产品更为多元化和多样化，更加重视用户体验和产品的闭环设计。平台商业模式的典型代表有购物平台，如淘宝、京东、拼多多等；外卖平台，如美团、饿了么等。

平台商业模式的特点有：第一，平台是开放的，可以整合各种资源；第二，平台可以让所有的用户参与进来，实现企业和用户之间的零距离。在互联网时代，用户的需求变化越来越快，越来越难以捉摸，单靠企业自身所拥有的资源和能力很难快速满足用户的个性化需求，这就要求打开企业的边界，建立一个更大的商业生态网络来满足用户的个性化需求。平台以最快的速度汇聚资源，满足用户多元化的个性化需求。所以平台商业模式的精髓，在于打造一个多方共赢互利的生态圈。

但是，传统企业不要轻易尝试建立平台，而是应该集中自己的优势资源，发现自身产品或服务的独特性，瞄准目标用户，发掘用户的痛点，设计好针对用户痛点的极致产品，围绕产品打造核心用户群，并以此为据点快速打造出一个品牌。

8.2.2 "互联网 +"时代的创业法则

互联网最初是作为一种通信技术和工具进入社会生活和商业世界的，它所体现出来的是一种连接的力量。而建立连接，主要是通过减少信息传播的阻力来实现的。"互联网 +"正是对这样一种连接力量在时间和空间上不断扩展，直到扩展至社会生活和商业世界的方方面面，从而实现更快速、更直接、更丰富、更低成本的"连接"。

某种意义上来说，在"互联网 +"中我们看到的"加法"，其实只是种种表现形式，背后隐藏的机制实为"减法逻辑"。"减法逻辑"是一种从信息连接机制发展起来的新的商业规则，能够不断地削减市场沟通成本，实现更高的管理效率、更优的资源配置、更好的价值创造。互联网的"减法逻辑"带来的其实是通信的革命，而在今天，通信就是一切。用凯文·凯利的话来说："通信就是经济"。"减法逻辑"正在带来巨大的商业规则变迁，并由此重构创业组织从无到有、从小到大、从大到强的历程。

具体来说，从"减法逻辑"出发，创业组织至少可以参考三个创业法则：一是基于"减闲置"的新资源分配模式；二是基于"减边界"的新竞争模式；三是基于"减冗余"的新管理模式。

1. 减闲置，塑造新资源分配模式

以共享汽车公司为代表的共享经济，是生命力旺盛的新兴商业模式。这一商业模式通过连接和聚合闲置的社会资源，提供低价优质的服务，创造更大的社会价值和经济价值。它其实是一种新的资源分配模式，从整合商业资源，到整合社会资源，并且让商业的公益色彩愈发浓厚。

共享汽车公司上演的从"出租车大战"到"专车大战"的连番大戏，以及破天荒的"补贴"模式，让用户和市场都深刻认识到共享经济的好处。

以减闲置为核心的共享经济商业模式在今天成为可能，其实得益于互联网影响力的深化：与用户直接连接的技术障碍被极大地消除了，与分散的社会资源连接的技术障碍也已经基本可以忽略不计了，促成更便捷的消费的交易成本趋近于零，分散资源的管理成本因为数字化的发展而不断下降，用户被赋予更多权利。以减闲置为核心的共享经济商业模式快速发展的推动力如下。

（1）与用户的直接连接。直接连接是移动社交网络最为显著的特征。通过智能手机和社交软件，每个人都成了精确的网络节点，可以被快速地连接和聚合。PC互联网时代没有可能发展打车软件，因为无法连接到移动状态的乘客，也无法那么精准和简便地对接资源、促成交易。

（2）与资源的直接连接。打车软件公司本身没有或者很少拥有出租车，外卖软件公司也并不自己经营餐馆，洗衣软件公司不必自己替用户洗衣服，美甲软件公司也不必自己雇佣美甲师。这些创新公司能够促成便捷的消费，除了连接用户，还有一个重要的因素是可以连接和聚合外包资源，这让新的商业模式可以快速地发展，也可以快速地被超越——商业战略的生命周期被大大缩短了。

（3）交易成本趋近于零。成功的商业模式必须促成实在的交易。上述这些增益了社会福利的创新公司能够实现用户与资源的快速对接，很大程度上得益于通信网络发展引致的极低的交易成本。今天，通信网络的花费大幅下降，人们可以用很低的费用

享受实时在线的通信便利，许多商业模式因此成为可能。例如，相较于低价打车得到的好处，人们为此支出的通信费用几乎可以忽略不计。我们需要应对的是一个交易成本趋近于零的商业环境。

（4）管理成本不断降低。即使有了快速、便利和低成本的连接，要实现资源的聚合，以及有效的分配，还需要科学严谨的管理。这给商业世界带来了一个重要的数学概念——算法。今天，计算和分析技术的低成本，让社会资源的高效分配成为可能，也让社会价值的实现有了更为坚实的基础。

（5）更多的用户权利。互联网赋予了普通用户更多的权利，商品和服务的价格及其他信息变得越来越透明。最初消费者因为缺乏必要的知识而不得不让渡利润给企业，但现在已经越来越难见到这种情况了。

我们身处的社会还有许多社会资源仍在闲置。在教育、医疗、扶贫、环保、能源等领域，以增益社会福利为先导的商业模式有着极大的发展空间。共享经济模式，以及慕课、远程医疗等新兴商业模式的兴起，有可能在创造新的经济价值的同时，促进社会公平，增加广泛的社会福利。

2．减边界，塑造新竞争模式

就商业竞争环境来说，以前的竞争对手很清楚，就是行业内做同样产品和服务的企业，但是现在不一样了，竞争对手有可能从完全不相干的地方猝不及防地发起挑战。

小米以手机起家，但已经进入了电视、充电器、手环、空气净化器、路由器等消费类电子行业，据说还要在家装、汽车等领域发展。小米并没有遇到太大的政策壁垒，它的成功，集中体现了"减法逻辑"的力量对技术壁垒、中介壁垒、基础门槛的消减。而这直观反映出来的，就是"带着粉丝去跨界"的巨大势能。

3．减冗余，塑造新管理模式

自 20 世纪 90 年代末以来的互联网创业大潮中，十分引人注目的就是一个个成功而又新奇的新兴商业模式。从阿里巴巴、QQ、360 到小米，大多经历了颠覆式创业历程。

但是在现象的背后，创业成功、商业模式具备价值创造能力，是以组织的执行能力为基础的。没有组织管理模式的创新，很难成就商业模式的创新。

相对于传统管理模式，新管理模式有着浓厚的"减法"特征——减掉组织管理中一切不必要的冗余和成本。主要体现为：减少自上而下的命令式管控、减少中间层级、减少信息的不对称和不透明、减少部门间的资源隔阂、减少组织间的创新阻隔等，最大可能地消除科层制、官僚化的影响。由此产生的结果，就是企业形成了快速、灵活、高效的市场应对能力。

成功打造小米手机，并且不断扩展消费类电子商业版图的小米，在"粉丝经济""让用户尖叫"等商业运营模式背后，有着独特的组织管理模式：小米的管理特征，目的就是快速响应市场的变化。今天App的更新周期以"周"为单位，这样一种快速反应、灵活机动的管理模式，会反过来影响和塑造组织的价值观和企业文化，形成一种可以在飞速变迁的时代中持续取胜的核心竞争力。

从小米、阿里巴巴以及360等新锐企业的创新实践来看，移动互联网时代的创业管理特征有如下几个方面的"减法逻辑"。

（1）管理，从纵向到横向。灵活应对市场，需要真正的放权，而非有限的授权。纵向的上级管控越来越少，横向的业务部门合作越来越多。

（2）层级，从长链到扁平。从"金字塔"变为更生态的组织，这个越来越横向连接的过程，必然导致中间层级的逐步减少。传统的由经理管理专业人员，转变为由专业人员带项目。小米在成长初期的基本模式是七八个合伙人，下面分别有个主管，主管管理着七八个小组，小组由普通员工构成，管理结构异常扁平化，职能被拆得很细。

（3）资源，从阻隔到连接。资源配置模式是企业组织管理模式的实质。横向连接的增多、中间管理层的减少、信息的透明，将资源配置的模式从"整合"慢慢变为"聚合"，不再靠控制、命令、计划、预算等传统手段，而是靠激发、鼓励、指明方向自下而上地促成事业的发展。内部部门界限被打破，外部的组织界限模糊化。许多成功的互联网公司里，项目团队的人员很少由集团统一调配，而是项目负责人去说服别人跟你干，即聚合资源。资源的流动是靠项目本身的意义和价值，而不是行政命令。在新商业环境中，新创的事业如果在组织管理模式上没有创新，将难以在市场上赢得成功。

小故事

"互联网+"的可能性——格莱珉手机的故事

在孟加拉国，一场由手机引发的变革和发展，悄然发生在移动通信飞速发展的 20 世纪 90 年代末，这场相隔不远，并且仍在继续的变革，对我们理解"加法"的可能性，及"减法"的力量有所帮助。

孟加拉国的格莱珉银行的创始人尤努斯获得了 2006 年诺贝尔和平奖，他通过向村民发放小额贷款，成功实现了有效扶贫，也建立了高效且成功的新商业模式。除此之外，孟加拉国还有另外一家值得尊敬、值得研究的公司——格莱珉手机，它从信息传播机制创新入手，同样实现了有效扶贫，同样构建了高效且成功的新商业模式。

格莱珉手机成功的商业模式，正是建立在"改变连接模式"的基础之上的。其创始人伊克巴尔的信条是"连通性就是生产力"，他认识到，无论在哪个领域，便捷地获取和传递信息都是非常必要的。

1997 年，在手机的持有及使用的整体花费高达 2 000 美元的时代，伊克巴尔成功地将这一昂贵的通信工具变成了高效的生产工具。格莱珉手机帮助孟加拉国农民获得了独立经商的机会，也为其带来了生活水平的提升。它还创造了一个公平竞争的平台，很大程度上改变了整个国家的面貌。

手机可以让农民提前联络镇上的商店，少走冤枉路，少耽误时间。手机也可以让农民定时获得农贸市场的最新资讯，让他们知道最新的需求变化和价格波动。手机还可以让农民充分协调收割和运输，这样在计划和操作上可以获得更高的效率。

在今天的中国社会，互联网所建立的连接和带来的影响非常广泛和深远。随着互联网的作用机制日渐深入更为广泛的社会生活和商业实践之中，"互联网 +"行动计划，有着更为广阔的想象空间。

无论是格莱珉手机还是"互联网 +"带来的巨大影响，发挥作用的基本逻辑其实是一种"减法"——减少时间、障碍、边界、成本，以实现更快速、更直接、更丰富、更低成本的"连接"。

当前，"互联网 +"热潮正在持续地发酵。几乎所有的企业和个人都在积极准备和行动，寻求经济新常态下的开创与再创。但在谋划"互联网 +"发展之路前，有必要预习互联网带来的新经济的底层作用机制——消除了和正在消除经济发展障碍的新商业逻辑，它所呈现出来的反而是一个促进商业关系简单化的"减法逻辑"。在此基础上，一个复杂而又丰富的"互联网 +"体系才会逐步建立起来，渗透社会生活的方方面面。

本章小结

本章主要探讨了创客与众创空间的内涵及特点，分析了众创时代的 C2C 商业生态模式以及"互联网+"时代的商业模式与创业法则。通过本章的学习，读者可提升对"互联网+"时代创新创业的机会感知、识别、分析能力，能够建立起创新创业的思维架构与逻辑，并付诸实践。

本章思考题

1. 什么是创客，创客包括哪几种类型？
2. 创客存在的意义是什么？
3. 简述众创空间的定义及特点。
4. 如何发展众创空间？
5. 如何理解 C2C 商业生态模式？
6. "互联网+"时代创业的商业模式有哪些？
7. "互联网+"时代的创业法则是什么？

参考文献

[1] 马化腾，张晓峰，杜军. 互联网+：国家战略行动路线图 [M]. 北京：中信出版社，2015.

[2] 舍恩伯格. 库克耶. 大数据时代：生活、工作与思维的大变革 [M]. 盛杨燕，周涛，译. 杭州：浙江人民出版社，2013.

[3] 李耀东，李钧. 互联网金融——框架与实践 [M]. 北京：电子工业出版社，2014.

[4] 余来文，林晓伟，封智勇，等. 互联网思维 2.0：物联网、云计算、大数据 [M]. 北京：经济管理出版社，2017.

[5] 吴起. 产业互联网：重新定义效率与消费 [M]. 北京：人民邮电出版社，2018.

[6] 刘志迎，徐毅，洪进. 众创空间：从"奇思妙想"到"极致产品" [M]. 北京：机械工业出版社，2016.

[7] 翁怡诺. 新零售的未来 [M]. 北京：北京联合出版公司，2018.

[8] 鲁百年. 创新设计思维：设计思维方法论以及实践手册 [M]. 北京：清华大学出版社，2015.

[9] 罗斯. 极致：互联网时代的产品设计 [M]. 晏奎，赵东艳，译. 北京：中信出版社，2016.

[10] 魏江，杨洋，邬爱其，等. 数字战略 [M]. 杭州：浙江大学出版社，2022.

[11] a15a，0xAres. 一本书读懂 Web3.0：区块链、NFT、元宇宙和 DAO[M]. 北京：电子工业出版社，2022.

[12] 杨俊，朱沆，于晓宇. 创业研究前沿：问题、理论与方法 [M]. 北京：机械工业出版社，2022.

[13] 李培根，高亮. 智能制造概论 [M]. 北京：清华大学出版社，2021.

[14] 谭玲玲. 电子商务理论与实务 [M]. 北京：北京大学出版社，2015.

[15] 陈红，高进锋. 电子商务实务 [M]. 北京：北京理工大学出版社，2012.

[16] 梅秀花. 电子商务概论 [M]. 武汉：武汉大学出版社，2020.

[17] 蒋定福，刘蕾，董新平. 电子商务概论 [M]. 北京：清华大学出版社，2020.

[18] 李洪心，孙军，邵必林. 电子商务导论 [M]. 北京：机械工业出版社，2020.

[19] 杨立钒，杨维新，杨坚争．电子商务导论 [M]．北京：电子工业出版社，2021．

[20] 刘新燕，陈志浩．网络营销 [M]．3 版．武汉：华中科技大学出版社，2020．

[21] 陈德人．网络营销与策划：理论、案例与实训（微课版）[M]．北京：人民邮电出版社，2019．

[22] 何晓兵，何杨平，王雅丽．网络营销：基础、策划与工具 [M]．2 版．北京：人民邮电出版社，2020．

[23] 金震宇，房迎．"互联网＋政务服务"实践（六）[M]．北京：经济日报出版社，2022．

[24] 金震宇，房迎．"互联网＋政务服务"实践（五）[M]．北京：经济日报出版社，2021．

[25] 何毅亭．中国电子政务发展报告（2019—2020）[M]．北京：社会科学文献出版社，2020．

[26] 孟天广，张小劲．中国数字政府发展研究报告（2021）[M]．北京：经济科学出版社，2021．

[27] 李季，王益民．数字政府蓝皮书：中国数字政府建设报告（2021）[M]．北京：社会科学文献出版社，2021．

[28] 王晔，张铭洪．网络经济学 [M]．3 版．北京：高等教育出版社，2019．

[29] 周三多，陈传明．管理学 [M]．4 版．北京：高等教育出版社，2014．

[30] 焦晋芳．互联网工业企业组织变革 [M]．杭州：浙江工商大学出版社，2019．

[31] 蔡莉．战略规划与管理：演化思想与优势技术 [M]．镇江：江苏大学出版社，2018．

[32] 何强．企业战略演化的生态性 [M]．北京：中央编译出版社，2020．

[33] 刘向向．"互联网＋"对公司战略变革的影响分析 [D]．开封：河南大学，2016．

[34] 尹文静．"互联网＋"背景下的传统企业战略变革研究 [J]．中外企业家，2016，17：10-11．